全 国 科 普 创 作 与 产 品 研 发 示 范 团 队 作 品

快乐学堂系列

距离课堂最近的权威读物
影响孩子一生的阅读经典

运动趣谈

刘兴诗 黄寰 / 主编

青少年
百科
图书馆

科学性 趣味性 文学性

父 母 送 给 孩 子 最 好 的 人 生 礼 物

培养学习兴趣，提高综合素质，养成良好习惯，
探究人生道理，训练思维能力。

APGTIME 时代出版
时代出版传媒股份有限公司
安 徽 教 育 出 版 社

图书在版编目（CIP）数据

运动趣谈 / 刘兴诗，黄寰主编．—合肥：安徽教育出版社，2015（2023.6重印）

（青少年百科图书馆）

ISBN 978-7-5336-8070-1

Ⅰ．①运…　Ⅱ．①刘…　②黄…　Ⅲ．①体育 - 青少年读物　Ⅳ．① G8-49

中国版本图书馆 CIP 数据核字（2015）第 203452 号

运动趣谈

YUNDONG QUTAN

出 版 人：费世平
策划编辑：胡延东　杨多文　徐宝妹
责任编辑：金　荃
装帧设计：戴　军

出版发行：安徽教育出版社
地　　址：合肥市经开区繁华大道西路 398 号　邮编：230601
网　　址：http：//www.ahep.com.cn
营销电话：（0551）63683011，63683013
排　　版：北京名壹堂图书有限公司
印　　刷：三河市华晨印务有限公司

开　　本：660mm × 960mm　1/16
印　　张：12
字　　数：165 千字
版　　次：2017 年 3 月第 1 版　2023 年 6 月第 2 次印刷
定　　价：28.80 元

《运动趣谈》

文　　字　张云莎　李梓汐　李雯婷

绘　　图　陈　林　雷　蕾　李　玉

序 言

我们从呱呱坠地开始，就与这个浩瀚的宇宙有了质的接触。在与这个万花筒似的世界建立密切关系的过程中，我们会发现各种有趣的事物，接收到不同学科的知识。随着人类科技的发展，广阔缥缈的宇宙俨然成了一本供世人阅读的活页大百科全书，等待人们去探索，去学习，去掌握，去开拓。“青少年百科图书馆”丛书力求贯彻国家课程标准和各项专题教育纲要的精神，内容深入浅出，集知识性、趣味性、文学性于一体，以诙谐有趣的口吻、简洁规范的文字、精美生动的插图为读者呈现科普知识的饕餮大餐。这些科普知识与中小学各学科内容紧密结合，有助于提高中小学生的科学素养和人文素养。

本丛书内容丰富，有趣味盎然的古老传说、文笔优美的名人逸事、引人入胜的科学小实验、简明的知识等。为了让读者能够轻松地阅读，快乐地学习，积极地思考，本丛书的每一篇文章都有紧扣课程标准的“知识点”、开拓视野的“知识链接”、培养探索能力的“小实践”以及生动形象的手绘插图四个部分，让读者在循序渐进的阅读过程中与科普进行深层次的精神交流，同时激发读者对科普的热情，培养读者对科普的兴趣。

本丛书共计 19 本，取材广泛，知识新颖，分为两个系列——“快乐学堂系列”和“求知阶梯系列”，累计超过 300 万字。“快乐学堂系列”有 10 本，读完这一系列读物，将有助于你拥有健康的心灵（心理健康教育），理解诚信的真谛（诚信教育），具备初步的法律意识（法律），了解安全自救的基本知识（安全教育），增强对中国文化的美好情感（语文），懂得生命在于运动（体育），夯实英文学习基础（英语），树立环保意识（环境教育），养成懂礼貌的好习惯（礼仪教育），展开科学之旅（科学）。“求知阶梯系列”有9本，读完这一系列读物，你可以学习交谈的艺术（礼仪教育），爱上诚信这个朋友（诚信教育），体会弹指一挥间的快乐（体育），找到快乐的源泉（心理健康教育），接触生态建筑（生物），进入立体世界（数学），触摸穿越时空的门（物理），感受世界各地的魅力（英语），找准自己的目标（思想品德）。

在中国科协项目、四川省科技计划科普培训项目、四川省科协项目和成都市科协项目等的支持下，经过来自全国科普创作与产品研发示范团队“成都理工大学刘兴诗工作室”、成都理工大学四川省哲学社会科学普及基地、成都理工大学大学生记者站、四川创新区域经济研究院、四川省科普作协、成都市科普作协等部门的众多一线教学工作者和有着丰富写作经验的科普作者两年多的精心策划和编纂，“青少年百科图书馆”系列图书终于与读者见面了。同时，本丛书的所有绘图也得到了成都崇州市艺林美术学校的支持，由其组织供稿。作者团队殚精竭虑，在参考众多文献的基础上，尽量使本丛书反映出当代科学发展的最新信息，但是由于精力和水平有限，书中难免出现些许瑕疵，望读者不吝赐教，以便我们不断改进。

刘兴诗

2016年7月

目　录

第4章 关怀备至——体育健康小贴士 … 95

第5章 津津乐道——奥运也“疯狂” …125

第1章

精彩纷呈——常见体育项目

黄金分割点——三级跳远

知识点

三级跳远是田径项目之一，是集速度、技术和力量于一体的综合性比赛项目。

三级跳远又称三级跳，起源于18世纪中叶的苏格兰和爱尔兰。两个国家三级跳的方法略有不同。苏格兰采用单足跳、跨步跳、跳跃，而爱尔兰采用单足跳、单足跳、跳跃。现国际奥委会规定必须使用苏格兰跳法。

研究发现，三级跳远中三跳远度的比例与黄金分割规律有关。

三级跳远是一项很注重起跳技巧的运动项目，可分为“积极起跳式”“垂直式”“划水式”和“跑步式”四种起跳方式。其中“积极起跳式”是比较常见的起跳方式，是指运动员在腾空阶段就在空中屈腿抬膝，大腿要举得较高，准备起跳，然后由上向下，“冲击式”落腿着地，保障与支撑动作的积极协同。这种起跳方式虽然延长了第二跳的距离，

但同时又会缩短第三跳的距离，造成第三跳对总成绩的“贡献”不多。

如果有条件的话，建议多练习“积极起跳式”动作。三级跳的起跳都要有脚部积极“扒地”的动作，上体要直立，不能倾

斜，手臂要配合身体动作摆动。第二跳如果蹬不起，可能是由于腿部力量不够。这时可以尝试适当降低助跑速度。第一跳不要跳得太高太远，做到“平跳”，这样就可以很好地控制第二跳的踏跳了。

1896 年，男子三级跳远在第一届雅典奥运会上被列为正式的比赛项目。那时，人们对于这项运动的技术特点认识较肤浅，其实三级跳远并不讲究太多的起跳技巧，第二跳的跨步跳仅仅是作为第一跳和第三跳的过渡。那一届奥运会三级跳远的最高成绩仅为 13.71 米。

后来各国跳远运动员不懈努力，不断改进起跳技巧和掌握跳远节奏，使人们在运动实践中加深了对三级跳的认识，三级跳远的成绩也不断被刷新。目前男子三级跳远的世界纪录（18.29 米）是由英国人爱德华兹保持，女子三级跳远世界纪录（15.50 米）则由乌克兰人伊纳萨·克拉维茨 保持。

三级跳远对运动员起跳前的助跑要求很高，它要求运动员有良好的弹跳力和较快的助跑速度以及强大的腿部力量，所以对身体素质的要求比其他项目要高。

目前我国三级跳运动员按成绩分为 5 个等级：12 米为国家三级运动员，13.5 米为国家二级运动员，15.25 米为国家一级运动员，16 米为

国家健将级运动员，16.8 米则为国际健将级运动员。

研究发现，除了助跑速度和起跳技巧外，三级跳远成绩的好坏还与一个重要的美学规律有关，即顶尖级三级跳远运动员的第一跳、第二跳远度之和与成绩的比例和黄金分割比（约 0.618）趋同，因此优化各级远度比例也是提高成绩的关键。

知识链接

跳远，从30～50码（约27～约46米）远处快速起跑后，从起跳线起计算一次跳跃的距离。运动员落地时跳入一个着陆坑，坑内填有沙子、锯末或鞣料树皮。起跳线远端到跳远运动员在沙坑中留下的最近痕迹之间的距离，为跳远的成绩。

做一做

请你组织一场迷你运动会，看看你能找到几个小伙伴。然后，选出适合大家的项目进行比赛。

空中的完美弧线——羽毛球

知识点

羽毛球运动是一项隔着球网，使用长柄网状球拍击打平口端扎有一圈羽毛的半球状软木的体育运动，主要分为单打与双打。

与性质相近的网球运动相比，羽毛球运动对人的体格要求并不算高。羽毛球运动看上去是一项比较简单、老少皆宜的体育运动，但是要从专业的角度研究如何让羽毛球在空中划出完美的弧线，就不那么简单了。

羽毛球场是一块长方形的场地，其长度和宽度都有严格要求。考虑到羽毛球运动分为单打和双打，目前人们设定单打场地宽为 5.18 米，双打场地宽为 6.10 米，两者长度均为 13.40 米。场地上各条线宽均为 4 厘米，场地上空 12 米以内和四周 4 米以内不得有障碍物，球场中央网高 1.524 米，双打边线处网高 1.55 米。

羽毛球单打时，两名运动员在场地上相互交替击打一个羽毛球，使球不落地，落地一方输；如果没有将羽毛球击打到对方场地，即球没有过球网或落在规定区域以外，对方加分。羽毛球双打由四名运动员在场地上进行，方法与单打相同，但双打很讲究配合，也就是说，队员默契度越高就越容易赢得比赛。羽毛球比赛采用3局2胜，21分制，即双方谁先得到21分便赢得比赛。每局双方打到20平后，一方领先2分即算在该局中获胜；若双方打成29平后，一方领先1分，即算其在比赛中取胜。

羽毛球运动是一项全身运动，它要求人在场地上不停地进行脚步移动、转体、跳跃、挥拍等动作，从而增大了上肢、下肢和腰部肌肉的力量，加快了全身的血液循环，增强了心血管系统和呼吸系统的功能。长期进行羽毛球运动，可使人肺活量加大，心跳强而有力，耐力得以提高。

在两千多年前，一种类似于羽毛球运动的游戏在中国、印度等国出现。现代羽毛球运动诞生于英国。经过了几个世纪，羽毛球已经发

展成较成熟的体育运动。自1992年起，羽毛球成为奥运会的正式比赛项目之一。1954年起，我国成立了多个以归国华侨青年为骨干的羽毛球队。几代羽毛球运动员吸取了国外的先进训练方法并勤学苦练，如今，我国羽毛球技术水平已处于世界羽坛领先地位。在一系列世界级比赛中，我国运动员陈宏、林丹、鲍春来、张宁、李玲薇等多次为祖国夺得金牌，为中国羽毛球历史创造了辉煌。

知识链接

优质的羽毛球必须采用鹅刀毛制作，如果采用的是鸭刀毛或其他的毛，那么做成的羽毛球就不能算优质的。羽毛球球头所用的材料有硬质塑料、泡沫塑料、软木三种。前两种主要用于娱乐性用球，成本较低，性能较差。天然软木质的球头属于中高档的羽毛球，成本较高，性能好。

做一做 选一个周末，组织你的家人去进行一场羽毛球比赛吧，一定要把你的感受讲给好朋友们听啊！

时尚运动——篮球

知识点

篮球比赛的形式多种多样。有较为常见的五人篮球赛，即每队出场五名队员；也有最流行的街头三人篮球赛，即三对三的比赛，更讲究个人技术。

篮球运动是以投篮、上篮和扣篮为中心的对抗性室内体育运动，强调身体对抗和战略战术的对抗相结合，随着NBA篮球赛的热播，篮球更是成为一项既可以健身又彰显时尚的体育运动，在社会上掀起了一阵热潮。

篮球运动由美国马萨诸塞州斯普林菲尔德基督教青年会训练学校的教师詹姆斯·奈史密斯博士发明于1891年1月。他当时只是为了给国际基督教青年会训练学院的学生们发明一种适合室内进行的多人运动。最初，詹姆斯·奈史密斯博士将两个装桃子的筐，钉在学校健身

房上方看台的两端，然后向篮内投掷橄榄球。后来他将篮改为铁制的圆圈，挂上密封的圆柱形线网，再后来线网的下口被剪开，成为今天篮筐的样子。为了完善篮球这一新生运动项目，他在1892年制定了13条规则，而后逐步修改并增加条款，出场人数也逐渐减少，直至规定每队5人，这才形成了今天的篮球运动。

1904年，第三届奥林匹克运动会上第一次出现了篮球表演赛。直到1936年第11届奥运会男子篮球才被列为正式比赛项目，并统一了世界篮球竞赛规则。此后至1948年的10多年间，规则被多次修改。

当球投进篮筐经裁判认可后，便可以得分。场地上画有三分线，运动员站在三分线内侧向篮筐内正常投入一球可得两分，三分线外侧正常投入一球可得三分，罚球时正常投进一球得一分。

篮球运动中有一些基本术语。比如“扣篮”是指运动员用单手或双手持球，跳起在空中自上而下直接将球扣进篮筐；“盖帽”是指进攻者投篮出手时，防守者设法在空中将球打掉的动作；“卡位”是指进攻人运用脚步动作把防守者挡在自己身后，多用于冲抢篮板；“压哨球”指在有时间限制的比赛中的最后时刻，如果在吹哨前出手，并将球投进，则无论球在空中待多久，都算得分，吹哨后球再出手的就不算得分。

篮球运动包括了跑、跳、投等多种身体运动方式，并且运动强度比较大，能有效、全面、综合地提高身体素质，强健体魄，保持生命活力。因此，时下不少年轻人都热爱这项运动。

知识链接

篮球场长28米，宽15米。罚球线距篮筐5.80米，三分线距篮筐6.75米，NBA三分线则距篮筐7.24米，三秒区的长边长6米。篮板宽1.80米，高1.05米；篮圈到地面的垂直距离为3.05米，篮圈的直径为45厘米。篮球比赛的篮筐外沿由金属制成，下面悬挂有篮网，在篮筐背后还有坚固的篮板支撑。

做一做 听了这么多，小朋友们是不是也心动了呢？一起和伙伴们到篮球场上比赛吧。

牧羊人的棍杖——曲棍球

知识点

曲棍球又称草地曲棍球，作为世界上历史悠久的体育项目之一，曲棍球的出现要比最初的奥林匹克运动会早1200年，甚至更久。

“曲棍球”这一名称起源于法语，意思是“牧羊人的棍杖”。曲棍球运动是一项古老的运动，距今已有数千年的历史，是目前国际上广为开展的球类运动项目之一。曲棍球运动深受各国人民的喜爱，目前在全世界有20亿至30亿球迷，其球迷数量仅次于足球运动。

现代曲棍球运动起源于19世纪初的英国，在1908年伦敦奥运会上首次成为正式比赛项目，1928年成为固定比赛项目，1980年增加了女子项目。值得一提的是，从1928年到1964年，印度共夺得7枚男子曲棍球金牌，仅在1960年失手。曲棍球也因此成为印度的国球，连当地的小孩都热爱曲棍球运动。

曲棍球比赛要求在长 91.40 米，宽 55 米，球门高 2.14 米，宽 3.66 米的场地进行。比赛在两队之间进行，每队最多可有 16 名队员，但同一时间内上场比赛的队员不得超过 11 名，16 名队员均可替换上场。全场比赛时间为 70 分钟，分上、下两个半场，中间休息 5 至 10 分钟。进 1 球得 1 分，以射入对方球门的球数多者为胜。

曲棍球比赛开始时，发球员以推球或击球的方式开球，球必须至少移动 1 米，对方所有队员应离球 5 米以外。开球后，在无论哪个队的另一名队员触球前，发球队员都不得再次触球，也不得留在或进入控球范围内，不得故意将球打起，或以危险及可能导致危险的方式开球。

球在弧内被进攻队员触到后，在未出弧前整体从横梁下越过球门线，判为进球。如果进攻队员在弧内触球之前或之后，球触到防守队员的球棍或身体，则进球有效。弧内暂停比赛后，球必须再次被进攻队员触到，才判进球有效。如果守门员违反点球规则，从而阻止了进

球，则判为对方进球。比赛中，当球整体越过边线或端线时，则为死球，应用该球或另一个球恢复比赛。

曲棍球比赛要求同队的场上队员穿着其所属协会或俱乐部认定的服装，不得携带任何对其他运动员可能造成伤害的任何物品。为了运动员的安全考虑，运动员在比赛中应该配戴护腿板、护踝和齿套。

知识链接

曲棍球运动中，球应是坚硬的，材料不限；重量最小156克，最大163克；周长最小224毫米，最大235毫米；表面光滑，但允许有接缝或凹痕；颜色一般采用白色或商定的其他颜色。

做一做 小朋友们，将你理解的关于曲棍球的知识讲解给爸爸妈妈听，请他们看看你说的对不对。

肺部体操——赛艇

知识点

赛艇，顾名思义，是专供水上与航海运动竞赛和训练用的小船。赛艇运动是由一名或多名桨手坐在舟艇上，背向舟艇前进的方向，通过桨和桨架构成简单杠杆进行划水，使舟艇前进的一项水上运动。

赛艇运动之所以被称为肺部体操，是因为比赛多在江河湖泊等水域中进行，那里阳光充足，空气清新，散发着大自然的芬芳，令人心情舒畅。同时赛艇运动还能有效地提高人体的心血管和呼吸系统功能，增强全身肌肉力量，提高人体的健康水平。赛艇运动员的平均肺活量高达 7000 毫升。

赛艇比赛开始时，赛艇都在起航线后排列整齐。当发令员发令后，

各赛艇上的运动员以最快的速度划向终点，以艇首到达终点的先后顺序判定比赛胜负。在户外水域比赛，天气情况对比赛成绩会产生一定的影响，因此比赛成绩不具有绝对的可比性。为了公平起见，赛艇比赛的成绩没有世界纪录。

赛艇是奥运会最传统的比赛项目之一。早在1896年第一届奥运会时，国际奥委会已将赛艇列为正式比赛项目，但由于当时天气恶劣，所以比赛被临时取消。直到1900年第二届奥运会，赛艇比赛才开始登场。

赛艇比赛对场地的要求很高，比赛必须在静水水面上进行。从起点到终点，必须是同样宽度的直航道。为了保证公平，国际比赛上主要的航道都是人工设计修筑的。航道长2000米，宽13.5米。一般有6条航道，最多有8条航道。比赛的航道除有2000米的比赛距离外，还要预留适当的准备活动水域。终点线外至少留有100米的自由水域。航道两边，各留有一条航道宽度的安全警戒水域。航道由串联在一起的浮标区分。相邻浮标的间隔为10米或12.5米，浮标表面柔软，直径不得超出15厘米。整条航道上浮标的颜色呈规律分布。

赛艇比赛中，所有运动员都是背向前进方向的，根本无法看清划行前方的情况。为了保证运动员的安全和尽可能地减少事故伤害，比赛规定赛艇的船头上必须装置一个直径为4厘米，用软橡胶或类似材料做成的白色球作为保护措施。这种球称为安全球，能最大可能地减少水中的危险物带来的伤害。

知识链接

观看赛艇比赛，可以欣赏运动员矫健的身手、整齐划一的动作、漂亮的舟艇在水面划过的轨迹以及旋转的水涡，再加上观看区域的阳光、空气和水等构成的原生态环境，它们无不给人美的享受。

做一做

同学们，请打开电视机观看一场赛艇比赛，将你的感受写下来并告诉朋友。

勇敢者的运动——拳击

知识点

拳击，是一种戴拳击手套进行格斗的运动项目。它有业余比赛和职业比赛之分，奥运拳击比赛属于业余比赛。

拳击比赛的目标是要比对方获得更多的分以战胜对方或者将对方击倒而结束比赛，与此同时力图避开对方的打击。早在古希腊和罗马时代就有许多关于拳击的生动记载。拳击需要力量，对抗性很强，因此被称为“勇敢者的运动”。

在原始社会，人类还没有发明兵器之前，人类要以拳头来自卫，在恶劣的环境下生存，这是拳击的雏形。公元前1500年，人们进行拳击时，可以任意使用摔、打、踢、蹬等动作，目的是置对方于死地，当时它是供奴隶主寻欢作乐的一种带杀戮性质的游戏。

1881年，英国业余拳击协会成立，拳击开始传到世界各地。但拳

击运动在历届奥运会中一直备受争议。1896 年，第一届夏季奥运会中，由于希腊国王认为拳击太暴力、危险、不人道，所以主办方不批准拳击列入该届的比赛项目。到第三届夏季奥运会中，男子拳击才正式被列入比赛项目。但在 1912 年斯德哥尔摩奥运会中，由于瑞典法律不准许拳击运动，所以拳击一度在奥运会的大家庭里消失了。直到 1920 年，拳击运动才再次被纳入奥运比赛项目，一直到今天。

拳击是运动员双方通过两只拳头的对抗，进行体能、技术和心理的较量。比赛分为业余比赛和职业比赛。业余拳击最高荣誉是奥运会冠军，参加此项比赛的运动员必须年满 18 岁，经家长同意，并持有教练员开据的证明选手训练良好的签证和医生开据的健康证明书。比赛时选手必须配戴头盔等护具，并穿着比赛的服装。

职业拳击指拳击运动员接受某个职业拳击俱乐部的聘金，或由经纪人代理经营，从事商业性拳赛。职业拳击运动员必须年满 18 岁。职业拳击与业余拳击不同的是，职业拳击是不可以戴护甲的，更具暴力性、观赏性，拳手打比赛的目的是为了赚钱。职业拳击是拳击运动商品化的一种表现。

拳击的拳法包括左直拳、左刺拳、左勾拳、右勾拳、右交叉拳、组合拳等，技术包括攻击、躲闪、上下移动、扭斗技术和反击技术等。

拳击的这些运动技巧及战术是防身自卫、强健体魄的有效手段，对人体有极大的影响，这些影响主要表现在增强人体力量，提升灵敏性、反应能力等。

知识链接

拳击运动是一项对抗程度十分激烈的运动，以手套的拳峰击打对方有效部位得分或击倒对方定胜负，因此手部损伤司空见惯。拳击运动员常见的伤病有掌指关节部皮肤擦伤及关节囊损伤、拇指掌指关节半脱位、掌骨骨折等。

做一做 朋友们，去观看一场精彩的拳击比赛吧。

冰上蝴蝶——花样滑冰

知识点

花样滑冰是在音乐伴奏下，在冰面上滑出各种图案、表演各种技巧和舞蹈动作的运动，裁判员根据动作评分，决定名次。花样滑冰是一个技巧与艺术性相结合的冰上运动项目。

国际滑冰联盟规定，花样滑冰比赛项目有单人花样滑冰、双人花样滑冰和冰上舞蹈三大类。比赛中，花样滑冰的运动员会根据音乐特点和舞蹈风格选择服装的颜色和款式，如美丽的蝴蝶一般在冰上翩翩起舞。

单人滑包括男子单人滑与女子单人滑两项，技术动作要素包括跳跃、旋转、接续步、燕式步等。三大类项目中，单人滑对跳跃的要求最高，因此单人滑取得的成绩通常代表了选手能达到的最高跳跃难度。双人滑要求一位男选手和一位女选手配合，在冰上表演同步的单人滑

动作及双人滑特有的动作，如抛跳、托举、双人旋转、螺旋线、捻转等。与双人滑相同，冰上舞蹈也要求一位男选手和一位女选手配合。冰上舞蹈与双人滑的主要区别在于，冰上舞蹈的技术动作不包括跳跃和旋转，托举不能过肩。两名选手在保持国际标准舞造型的同时，要紧扣音乐节拍表演复杂多样的步法，其艺术性更强。

花样滑冰是冬季奥运会的正式比赛项目。其特点是把音乐和舞蹈的美移植到冰上，项目技术复杂，表演难度高，运动员训练周期较长。一般来说，一个少年运动员即使有天赋，有专业院校教练的科学指导，也要每天训练，坚持十年才有希望成为优秀的选手。

花样滑冰比赛按选手水平高低与参赛范围，分为不同的级别与不同的规模。国际滑联认可的国际大赛包括冬季奥林匹克运动会、世界花样滑冰锦标赛、世界青少年花样滑冰锦标赛、欧洲花样滑冰锦标赛、四大洲花样滑冰锦标赛以及国际滑联花样滑冰大奖赛等。

滑冰在中国有悠久的历史，《宋史》已有关于“冰嬉”的记载。元朝以后，冰嬉更为盛行。明代《帝京岁时纪胜》中记载有“冰床、冰擦”，指在冰冻的江河湖泊上做滑冰游戏。清乾隆年间，画家沈源的一幅《冰嬉赋》图中有大蝎子、金鸡独立、哪吒探海等姿势。清末，专为慈禧表演的北京北海花样滑冰中，已有双飞燕、蝶恋花等双人动作

和朝天蹬、童子拜佛等单人动作。那时民间的冰上表演有猿猴抱桃、卧鱼、鹞子盘云、凤凰展翅、摇身晃等动作。1930年前后，西方花样滑冰传到中国。1935年，在北京举行的滑冰比赛上，运动员们进行了花样滑冰表演赛。

知识链接

花样滑冰的冰刀有一个突出特点是其前端有“刀齿”。刀齿主要用于在跳跃中防滑，不用在滑行和旋转中。花样滑冰的冰刀后部比其他项目的要短一英寸，这是为了满足舞蹈对双人近距离合作和精细步法的要求。冰刀以螺丝固定在冰鞋的鞋底，选手穿着冰鞋在冰场外行走时，要在冰刀外套上硬塑料的保护套，避免冰刀被地面磨钝或沾上灰尘等杂质。选手不穿冰鞋时，则用软套保护冰刀，软套可以吸收残留的融水，防止冰刀生锈。高水平的花样滑冰选手通常都会定制冰鞋和冰刀。

做一做 有条件的同学可以到体育用品店，辨认一下哪一款是花样滑冰的冰鞋。

温柔杀手——柔道

知识点

柔道运动起源于日本武术中的“柔术”，在日语中是“柔之道”的意思，即“温柔的方式”，但柔道却是一种对抗性很强的竞技运动。

柔道强调选手对技巧的娴熟掌握，而不是力量的较量，它是奥运会所有比赛项目中唯一被允许使用扭脱关节或窒息等手段来制服对手的项目，因此将其称为“温柔杀手”一点不夸张。

1887年，年仅18岁的日本东京帝国大学（今东京大学）学生嘉纳治五郎综合了当时社会上流行的各派柔术的精华，创立了以投技、固技、当身技为主的现代柔道，同时创建了讲道馆，专门训练柔道运动员，嘉纳治五郎也被誉为“柔道之父”。

柔道的攻防技术分为如下三种：站立技术，简称“立技”；倒在地上的翻滚角斗技术，称为“寝技”；防身自卫击打对方的技术，称为

“当身技”。但从安全角度考虑，如今的柔道比赛中已不允许使用当身技了。

柔道在日本非常有群众基础。它不仅是娱乐性质的体育运动，还是学校体育的一项教学内容，日本人从少年时代起就开始接受柔道的系统训练。日本每年要举办名目繁多的各种类型的柔道比赛。在世界比赛中，日本运动员几乎每次都可以获得半数以上的金牌和团体冠军，因此日本享有“柔道之国”的美誉。

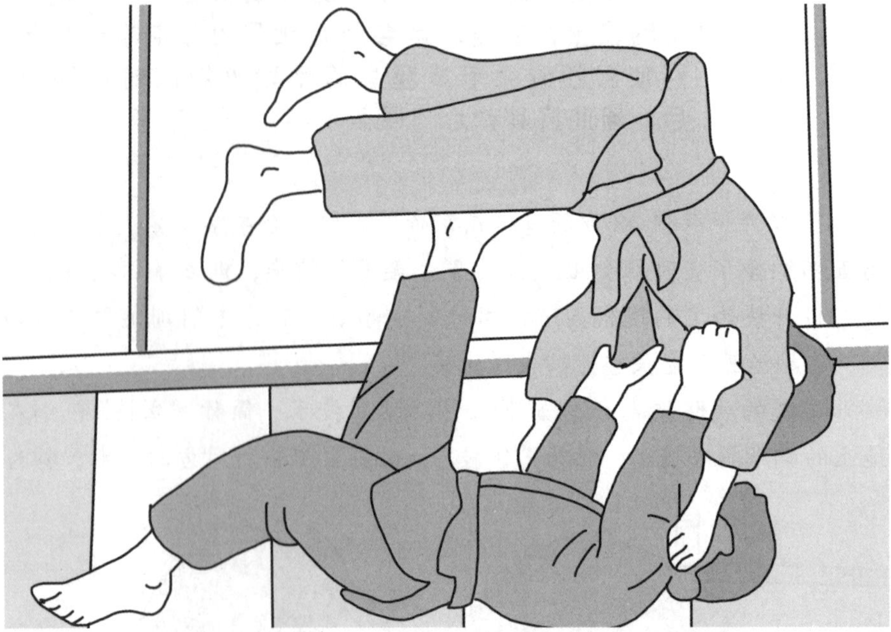

在1964年东京奥运会上，日本作为奥运会东道主可以增设一项比赛项目。聪明的日本人选择了柔道，在四个级别的柔道比赛中，日本运动员夺得了其中三枚金牌。

柔道比赛中规定，不可击打对方，不可用头、肘、膝顶撞对方，不可抓对方头发及下部，绝对不允许用手、脚、腿或胳膊击打对手的脸部，除了肘关节外，不许对其他关节使用反关节的动作，任何可能伤害对方颈椎或脊椎的动作均被禁止。此外，在比赛中防守过度，被对手推挤出比赛区域或故意躲避对手，给对手造成危险都属于犯规。

运动员有犯规行为或是踏出比赛区，根据情节轻重受到“指导”“注意”“警告”“取消该场比赛资格”的处罚。运动员在一场比赛中，如果受到两次警告，就被取消该场比赛资格，判对方获胜。可见，柔道即使是“温柔杀手”，也是有原则的“杀手”。

知识链接

柔道比赛场地面积最小为196平方米（14米×14米），最大为256平方米（16米×16米），场地必须用榻榻米或类似榻榻米的材料铺设，颜色通常为绿色。比赛场地分为比赛区和安全区，两个区域之间应有一个约1米宽，通常为红色的危险区。危险区与比赛场地四周平行，并构成整个比赛场地的一部分。在练习和比赛柔道时，必须赤足穿柔道衣进行。

做一做 同学们如果对柔道感兴趣，则可以尝试参加专门的柔道培训班。

始于礼，终于礼——跆拳道

知识点

跆拳道是起源于朝鲜半岛并普遍流行的一项技击术。它以东方文化为土壤，具有悠久传统，以“始于礼，终于礼”的尚武精神为基础。

“跆拳道”来源于韩语的“跆”，指用脚踢打，“拳”指用拳击打，“道”指格斗的艺术和原理。跆拳道通过竞技、品势和功力检测等运动形式，使练习者增强体质，掌握技术，培养坚韧不拔的意志，具有较高的防身自卫及强壮体魄的实用价值。

跆拳道以腿为主，以手为辅，主要在于腿法的运用，其中脚法占70%。在奥运会等赛事中，出于保护运动员、增强比赛观赏性等目的，部分手技被限制，手的攻击动作只限于正击拳，且只能攻击躯干部分被护具保护的位置。跆拳道的套路共有24套，另外还有兵器、擒拿、摔锁、对拆自卫术及十余种基本功夫。

跆拳道比赛中使用拳的技术时必须握紧拳，用拳正面的食指或中指部分击打；使用脚的技术时，必须用踝关节以下的脚的前部击

打。这里需要注意，指、掌、肘、膝等技术只适合在平时练习或品势表演中使用。在比赛中禁止使用抓、搂、抱、推等动作，如果出现，则将被判罚警告一次，警告两次则被扣一分。

跆拳道比赛中允许攻击的部位包括髋骨以上至锁骨以下以及两肋部，可攻击背部，只允许用脚技攻击以两耳为基准的头颈的前部。

虽然跆拳道是通过双方格斗的形式进行的，但是无论格斗怎样激烈，都是以提高技艺和磨炼意志为目的，因此跆拳道非常崇尚礼仪，推崇“以礼始，以礼终”的尚武精神。跆拳道以“礼、义、廉、耻、忍耐、克己、百折不挠”为根本宗旨。礼仪是跆拳道运动员必不可少且十分重要的修养，在任何场合下，对对手始终都要以礼相待。

知识链接

跆拳道的腰带有白、黄、绿、红、黄绿、黑等多个颜色，不同的颜色代表不同的段位，其中白带代表空白，练习者没有任何跆拳道知识和基础，一切从零开始。黑带则是跆拳道高手的象征，既是实力的体现，也是一种荣誉。

做一做 请大家查阅资料，了解跆拳道中的腰带除了黑白两色以外的其他颜色象征什么。

浪里白条——游泳

知识点

游泳是具有广泛群众基础，深受男女老少喜爱的体育运动之一。游泳可以增强心肌功能、减肥、增强抵抗力、健美形体、加强肺部功能、护肤等，是兼具运动性和娱乐性的运动。

游泳具有悠久的历史。居住在江、河、湖、海一带的古代人，他们为了生存，在水中捕捉水鸟、鱼等动物作为食物，通过观察和模仿鱼、青蛙等动物在水中游动的动作，逐渐学会了游泳。无论是为了捕猎，还是逃避猛兽或是遇到海难时自救，游泳都是一项重要的技能。

游泳运动在中国同样具有历史悠久、内容丰富、民族特色浓厚等特点。我国的游泳活动在宋代最为活跃。著名词人辛弃疾在回忆当时江浙一带弄潮儿游泳的壮观场面时，曾写下了这样的词句："…… 吴儿

不怕蛟龙怒。风波平步。看红旆惊飞，跳鱼直上，蹙踏浪花舞。”游泳健儿的高超技艺跃然纸上。到了明清时期，每当涨潮之际，钱塘江的人们便开展各种游泳活动，且花样越来越多，比如在水上表演“踏滚木”“水傀儡”及“水百戏”等，这些是游泳与杂技的综合技艺。

现代游泳分为实用游泳和竞技游泳。在生产、军事、生活服务等领域实用价值较大的游泳方式称为实用游泳，如自由泳、蛙泳、水上救护、武装泅渡、反蛙泳等；竞技游泳是指有游泳竞赛规定和特定技术要求的游泳项目，主要以速度来决定名次。竞技游泳又可以分为在游泳池比赛和在公开水域比赛两大类。

游泳的姿势一般有自由泳、蛙泳、蝶泳和仰泳四种，每一种姿势都有其特点。自由泳是指双手交替前爬配合踢腿，此泳式速度最快；蛙泳姿势比较优美，手的动作先于腿的动作，要求在收手后再收腿，伸手后再蹬腿；仰泳是手部在水面上过头前移，配合踩踏式踢腿的泳式，最省体力；蝶泳爆发力最强。

游泳必须注意安全及卫生，不然，就容易患病或发生事故。游泳中尤其需要注意保护好五官。在游泳池里“下饺子”，除了要防止抽筋、溺水等意外事故外，还要注意保护眼、耳、鼻、口，以免进水而造成感染。需要特别注意的是，在炎热的天气，应谨防游泳时被晒伤。

知识链接

患心脏病、高血压、肺结核等严重疾病，难以承受大运动量的人不宜进行游泳运动；沙眼、中耳炎、皮肤病等传染性疾病患者有可能在游泳中给别人带来麻烦；饭后或酒后不宜立刻游泳，因为胃受水的压力及冷刺激易引起痉挛性腹痛，久之会引起慢性胃肠炎。女性经期内不宜游泳，有保护装置并且有游泳习惯的人可以游，但时间不宜过长。

做一做 建议大家学会游泳，与朋友们展开一场游泳比赛。注意一定要在安全的水域进行。

力与美的结合——体操

知识点

现代体操正式名称为竞技体操，它是体操的一个分支，通常被人们简称为“体操”。它要求在规定的器械上完成一系列复杂、协调的具有较高技术性和艺术性的动作。

我国古代体操有两类：一类是强筋健骨预防疾病的体操，其中，最有代表性的是距今已有2100多年历史的古代药学名著《黄帝内经》中的“导引养身术”，它不仅年代早，而且内容丰富，包含肢体运动、呼吸运动、器械运动等；另一类古代体操存在于乐舞、杂技、戏剧和流传于民间的技巧运动中。

体操包含的项目众多，包括跳马、鞍马、吊环、双杠、单杠、平衡木、自由体操等。依据目的和任务，体操可分为基本体操和竞技性体操两种。基本体操是指动作和技术都比较简单的一类体操，做该种体操的主要目的是强身健体，以及培养良好的身姿形态，它适用于广大的人民群众，中小学生课间做的广播体操就属于基本体操。竞技性体操则是指在赛场上以争取胜利、争夺奖牌为主要目的的一类体操。这类体操技术复杂、动作难度大，并带有一定的惊险性，从事这类体操训练的都是专业运动员。

目前，竞技性体操包括竞技体操、艺术体操、健美操、技巧、蹦床五项运动。竞技体操历史悠久，

被称为竞技性体操中的“老大哥”，因此人们常常习惯用“体操”来称呼“竞技体操”。

竞技体操具有很强的竞争性，具有竞技项目多、基础训练要求高、动作性强的特点，对运动员身体素质的要求也非常高。良好的身体素质可以使运动员较快地掌握动作技术，提高技术训练的效果和动作质量，防止伤病的产生，延长运动寿命，培养良好的意志品质。体操运动员为了掌握动作，并完美地完成动作，必须具备和发展各项素质，包括力量、速度、耐力、柔韧性和灵巧性等。

在竞技体操比赛中，裁判根据动作的分值和动作的难度、编排与完成情况等进行评分。目前，由于竞技体操动作更新速度加快，所以运动员和教练必须不断地设计新颖和独特的动作，不仅要注意提高新动作与成套动作完成的技术质量，也要兼顾动作的艺术性。

知识链接

在体操比赛中，运动员在做吊环或单杠动作时，手上都带上一个皮制的东西，一端套在手指上，一端系在手腕上，这就是“护掌”。因为吊环、单杠项目中的各种悬垂、摆动、回环、转动等动作完全是依靠两只手抓住环或杠子来完成的，手掌和器械之间有摩擦，时间久了，手掌的皮肤往往会磨出水泡，甚至揭去手皮，影响训练。为了保护手掌，使训练时间更长些，效果更好一些，“护掌”就诞生了。

做一做 请大家每天跟着音乐坚持做一至两次广播体操，从现在开始锻炼身体。

双脚的艺术——竞走

知识点

竞走规则规定，腿必须伸直，从单脚支撑过渡到双脚支撑，在摆动腿的脚跟接触地面前，后蹬腿的脚尖不得离开地面，避免出现“腾空”的现象。

竞走是在普通走的基础上发展起来的，两者的动作结构相同，都是由单脚支撑和双脚支撑反复交替进行。但竞走中，人的骨盆前后转动大，腰部有一定的扭动，两臂积极摆动，脚着地时腿要伸直，步幅大，频率高，前进速度快。

竞走比赛最早出现于1775年至1800年间的英国。1867年，英国举行了第一次竞走锦标赛。19世纪90年代，这项运动在德国盛行起来。1908年，伦敦奥运会正式将竞走列为比赛项目。从1961年起，每年举行卢迦诺杯竞走比赛，之后发展成为世界杯赛，男选手争夺卢迦诺杯，女选手角逐爱斯堡恩杯。

竞走比赛规则对运动员比赛中的技术、行为有诸多严格规定，此处列出其中最重要的两条：第一，竞走运动员必须始终保持至少有一只脚与地面接触，不能两脚腾空；第二，前脚从着地的一瞬间起直到垂直位置必须始终伸直，膝关节不能弯曲。

竞走的速度取决于步频和步长。普通行走每分钟约为100到120步，而竞走每分钟约为180到200步，优秀的竞走运动员每分钟可走超过200步；普通行走时的

步长一般是70到80厘米，竞走时的步长约为90到110厘米，身材高大的运动员的一步是120厘米左右。

奥运会的竞走比赛分为20千米竞走和50千米竞走，在公路上进行。竞走比赛中的裁判工作是保证比赛顺利进行的重要一环。一般说来，世界级的竞走比赛，通常安排九名裁判站在比赛现场的不同地区“执法”。竞走的裁判工作，最引人关注的是出示红卡。根据国际田联的竞走规则，同一名运动员如果在一场比赛中被出示三张红卡，则即被罚下。但这三张红卡应由三名裁判分别出示。比赛还规定，任何一名裁判，在同一场比赛中，对一名运动员只能出示一张红卡。世界大赛，包括奥运会这样的比赛，常常有运动员在遥遥领先的情况下被红卡罚下，与金牌失之交臂。

竞走是一项可以促进健康，提高血液循环系统和呼吸系统功能的体育运动，能提升腿部肌肉的力量及髋关节的灵活性，增强体质，培养勇敢、顽强的意志和品质。

知识链接

在过去，中国竞走选手常常在世界比赛中因为技术原因被红卡罚下。近几年来，中国强调抓竞走的技术细节，特别是比赛后期的技术细节。经过这几年努力，中国竞走选手在技术上有了较大改进，在世界杯、奥运会等比赛中都取得了优秀成绩。

做一做 请大家试着学习竞走，体验一下竞走的乐趣。

空中芭蕾——跳水

知识点

跳水是一项非常优美的水上运动，它指人从跳水器械上起跳，在空中完成一系列指定动作，并以特定动作跃入水中的运动。因此，跳水运动也被称为“空中芭蕾”。

现代竞技跳水始于20世纪初。1900年，瑞典运动员在第二届奥运会上进行了精彩的跳水表演，这一直被公认为最早的现代竞技跳水。到了1904年第三届奥运会，男子跳水才被列为正式比赛项目，而女子跳水是到了1912年第五届奥运会时才增设为正式比赛项目的。

跳水一般分为竞赛性跳水和非竞赛性跳水两大类。竞赛性跳水又由竞技跳水和高空跳水组成。

竞技跳水是奥运会正式竞赛项目之一。比赛时，运动员在一端固定、有弹性的跳板上起跳，完成跳水动作，称为跳板跳水，跳板距水面的高度为 1 米或 3 米；运动员在平直坚固的跳台上起跳，完成跳水动作，称为跳台跳水，跳台距水面的距离较高，分别为 5 米、7.5 米或 10 米。

高空跳水是一项十分惊险的跳水运动，建议没有接受过专业训练的人不要尝试。它要求运动员从很高的悬崖上或特制的超高跳台上起跳，在空中完成指定动作后入水。

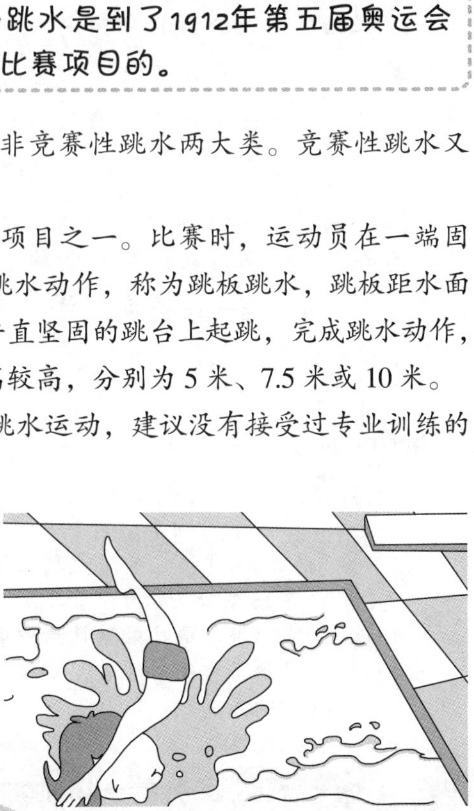

在国外，有人将高空跳水的地点选在高达几十米的悬崖边上，运动员完成自由选择的比赛动作后，落入深不见底的

大海，由裁判员评分，得分多者为优胜方。由于高空跳水危险性较大，容易出现伤害事故，所以在世界上开展得并不普遍。

非竞赛性跳水分为实用性跳水、娱乐性跳水和表演性跳水。实用性跳水是指以生产、军事、救护为目的而进行的跳水活动；娱乐性跳水，顾名思义，是指以娱乐、健身为目的而进行的跳水活动；表演性跳水则是指在盛大节日或跳水比赛结束后所举办的跳水表演活动，包括花样跳水、特技跳水、滑稽跳水等。

跳水比赛的评分裁判分为七人制和五人制两种。在奥运会、世界锦标赛、世界杯跳水比赛及国内重要比赛中，跳水比赛必须由七名裁判员评分；其他一般比赛可由五名裁判员评分。满分为十分。在比赛中，裁判员根据运动员的助跑、起跳、空中动作和入水动作来评定分数。跳水运动对运动员的协调性、柔韧性、平衡感和时间感等方面有较高的要求，运动员在比赛时助跑应平稳，起跳要果断有力，起跳角度要恰当，并具有一定高度，空中姿势优美，翻腾、转体快速，入水时身体与水面垂直，水花越小越好。

知识链接

中国跳水队自1986年第一次参加世界游泳锦标赛，截至2007年第12届澳大利亚墨尔本世界游泳锦标赛，共夺得金牌38枚，被称为“梦之队”。自1984年参加洛杉矶奥运会以来，跳水队已经累计为中国军团赢得了40枚金牌，在各项奥运项目中高居榜首，是“奥运冠军团队”，是中国体育王牌中的王牌。

做一做 请大家观看一场跳水比赛，并模仿解说员解说一套跳水动作。

第2章

感人瞬间——奥运在这里闪光

柔情大力士——马蒂亚斯·施泰纳

知识点

马蒂亚斯·施泰纳，德国举重运动员，曾获得2008年北京奥运会男子举重105公斤以上级冠军，当年他拿着亡妻的照片登上了奥运领奖台，用爱诠释了金牌的意义。

1982年，施泰纳出生于奥地利维也纳，父亲也是一名举重运动员。2000年，施泰纳被查出患有糖尿病，病痛的打击并没有让他放弃事业。他一边按照医生的嘱咐坚持治疗，一边在教练的指导下加紧练习。

2004年，施泰纳参加雅典奥运会，仅获得第七名，奥地利媒体对这样的结果很不满意，声称“对奥地利体育来说，施泰纳是一个可有可无的运动员”，施泰纳看到这样的报道后非常伤心。一个偶然的机会，施泰纳遇上了德国姑娘苏珊，随后两人相恋，并于2005年步入了婚姻的殿堂。由于在奥地利备受藐视，所以在妻子的支持下，施泰纳决定加入德国国籍。

苏珊一直在施泰纳身边用无私的爱鼓励和支持他。参加4年之后的北京奥运会是施泰纳与妻子苏珊共同的目标。从结婚那一天起，苏珊就开始储蓄，准备二人北京之行的差旅费。但一场突如其来的变故改变了这一切。2007年7月，苏珊在海德堡遇到一起严重车祸，伤重不治。在弥留之际，她告诉丈夫："我是多么想跟你一起去北京，你不要因为我而放弃，你一定要去北京，你一定要夺得金牌。"苏珊在生命的最后一刻，留给施泰纳一个未完的心愿。

此后，施泰纳饱受亡妻之痛，但苏珊的心愿一直支撑着他。为了逝去的妻子，施泰纳以坚强的意志坚持正常训练，有时间，他就会去妻子的墓前告诉她自己的训练情况。2008年1月，施泰纳获得了代表德国参加北京奥运会的资格。

2008年8月19日晚，北航举重馆，北京奥运会举重项目进行收官之战——男子105公斤以上级别。当时施泰纳并无绝对夺冠的实力，抓举比赛结束后，他仅以203公斤排在第四位。施泰纳要夺得金牌，必须在最后一次出场时举起258公斤。当时，施泰纳要了258公斤，全场观众都在这一刻安静下来，等待着他石破天惊的一举。

施泰纳出场后，先是默默地祷告，几秒后，他大吼一声，开始最后一举。这位彪形大汉把杠铃扛到胸前，两边的重量将铁杆都压弯了。

观众似乎感到一股强大的力量灌注到了施泰纳的四肢，那是对爱妻的思念，帮他将那可怕的重量举上了头顶。他成功了，充满戏剧性的一幕令整个场馆沸腾。最终，施泰纳以抓举203公斤、挺举258公斤、总成绩461公斤夺冠。

颁奖仪式上的施泰纳不再是赛场上杀气腾腾的大力士，他从口袋里拿出亡妻苏珊的照片，亲吻了照片上的妻子，泪流满面。在德国国歌奏响的时候，施泰纳早已哽咽，他一手捧着鲜花，一手捏着亡妻的照片，眼中噙着泪水。“我的金牌首先要献给我的妻子，赛前的一两个小时我一直在思念她，她是我战斗的动力”，此刻胜利的不光是他自己，还有他的国家，以及他的心中柔情。

知识链接

举重有抓举和挺举两种姿势：抓举是运动员将杠铃平行地放在两小腿前面，两手虎口相对撞杠，以一个连续动作把杠铃从举重台上举至两臂在头上完全伸直的状态，然后起立，两腿伸直。挺举是运动员先把杠铃从举重台上提至肩际然后起立，上挺，把杠铃举过头顶至两臂伸直，两腿平行伸直保持静止状态。

做一做

请大家观看一场举重比赛，并说出抓举跟挺举有什么不同。

最长的七分钟——苏丽文

知识点

2008年8月21日，在北京奥运会跆拳道女子57公斤级预赛中，中华台北队跆拳道选手苏丽文负伤力战。她数次跌倒，忍受着巨大的伤痛，仍撑到了最后。这场比赛是北京奥运会上最让人动容的一战。

1980年12月，苏丽文出生于台北，小时候她身体不好，常常生病。父母为了让她有一个健康的身体，在她10岁的时候，将其送到金门的跆拳道馆。跆拳道是一项很辛苦的运动，很多队员常常一边踢一边哭，一边打一边吐。性格坚强的苏丽文也偷偷哭过好几回。

1999年，苏丽文当选世界跆拳道锦标赛中华台北代表选手，并获台湾大专院校运动会金牌，2005年，苏丽文在世界跆拳道锦标赛女子轻量级决赛中获得银牌。2008年，苏丽文代表中华台北队参加北京奥运会。这是她第一次参加奥运会，这次比赛也是她期待已久的重要比

赛，她想为中国台湾，也为自己踢出好成绩。

但是 8 月 21 日，苏丽文在对阵韩国选手林秀贞时，左膝韧带受伤，经队医初步诊断，有可能韧带断裂，但她坚持参加复活赛。在复活赛中，苏丽文一比零战胜对手，晋级铜牌争夺战，而此时她的左膝韧带因严重拉伤，已经无法站立。

铜牌争夺赛中，苏丽文一直将伤腿微微点地，甚至不着地，右腿单腿站立，寻找进攻机会。她率先踢中对手头部得两分，以二比零领先。苏丽文的跑动和进攻都处在被动，这使她无法和对方僵持，只能躲闪，瞅准机会选择有效进攻。而在躲闪的过程中，单腿受力导致她数次摔倒

在地。

第一局结束时，她摔倒了三次，以二比零领先。裁判问是否继续，苏丽文点头，并双手握拳为自己鼓劲。第二局，对手抓住机会极力进攻，苏丽文不断地被对手踢倒。每次被掀翻后，倒在地上的苏丽文就双手握拳大喊着让自己站起来。教练和裁判几次询问比赛是否继续，苏丽文都没有迟疑地点头。二比二，结果还是让对手追平了比分。

第三局是最艰难的两分钟。上场前，苏丽文抬头向天，双手捂住脸为自己祈祷，28 岁的她知道这是自己最后的战场，她要坚持住这最后的 120 秒。对手先踢中苏丽文有效部位再得两分。当苏丽文换腿时，伤腿不小心撑地，她的脸部因痛苦而剧烈地扭曲。第二次进行喷雾处理

后，苏丽文示意继续比赛。她瞅住一个空当，再踢中对手头部——四比四。这时，她又一次摔倒。教练忍不住要冲进赛场，但被裁判阻止。

时间剩下最后34秒，裁判再一次询问是否终止比赛，并叫来了边裁紧急磋商，最后同意苏丽文的意愿——继续比赛。全场再次为苏丽文爆发出鼓励和加油的掌声，

因为三局后双方平分，根据规则要进行加时赛。加时赛采用“突然死亡法”，即谁先得分谁就获胜。在比赛进行到约一分钟时，对手踢中了苏丽文。这是在进行了约七分钟的铜牌争夺赛中，她第十四次倒地，却第一次伤心地哭了出来，因为她再也无力站起来。苏丽文在2008年北京奥运会跆拳道女子57公斤级铜牌争夺赛中落败，但虽败犹荣。

铜牌争夺赛中，裁判本可以判苏丽文数次警告，但苏丽文的坚韧感动了他。苏丽文每次倒地，裁判都耐心等她站起，甚至主动喊停，让防护员上场治疗。对手的行为也值得称赞，她知道苏丽文只剩单腿可用，没有攻击她的伤腿，而主攻头部。

一场铜牌战，苏丽文的受伤力拼、裁判执法的通情达理、选手对对手的尊重，都展现了可贵的奥林匹克精神。

知识链接

我国体育长期以来实行的“举国体制”决定了运动员伤、残、病都由国家负责。但体育风险具有高频性、多样性、不易测定性、广域性和复杂性，导致国家用于运动员伤、残保障工作等方面的费用巨大，且需要巨额费用的时间变率大，给国家造成巨大负担。体育保险的发展可以分摊损失，转移风险，更好地发挥经济补偿作用，减轻国家负担。在发达国家，体育保险是国家体育制度的重要组成部分。

做一做 读了苏丽文的故事后，你从她身上看到哪些优秀的品质？请将想到的写下来。

母爱孕育奇迹——丘索维金娜

知识点

丘索维金娜生于1975年，她是女子体操界“祖母级”的选手，也是国际体操界唯一一个为儿子而战的选手。她的故事，让世人动容。

生于1975年的丘索维金娜，在1991年的美国世锦赛，获得了个人的第一个世界冠军；1992年首次参加巴塞罗那奥运会，摘得女子体操团体金牌；1996年至2004年，她代表乌兹别克斯坦三次参加了奥运会。

1996年，丘索维金娜退役，随后结婚生子。1999年，她的大儿子阿里什出生。原本，丘索维金娜的生活幸福美满。然而，2002年，阿里什被诊断患上白血病。治疗白血病需要高昂的费用，生活并不富裕的丘索维金娜一家实在难以支付，于是她选择了复出参赛，赚钱为儿子治病。丘索维金娜说：“对我来说，儿子就是我全部的生命。只要他的病还未痊愈，我就一直坚持比赛，他就是我的动力。”

身高1.53米、体重44公斤的丘索维金娜为了生病的儿子，调动了自身所有的潜能。一场巡回赛中，丘索维金娜不是专注于一两项的比赛，而是参加全部女子项目比赛，目的只是能够赢得更多的奖金。对于这一点，丘索维金娜从来不回避，因为她是一名母亲，为了儿子，她愿意付出一切。

对于吃青春饭的体操选手而言，丘索维金娜简直是

一个奇迹。复出后，她成绩斐然，在2003年世锦赛中获得跳马冠军。2008年，丘索维金娜以33岁的高龄第五次征战奥运会。她状态惊人，不但在强项跳马比赛中获得银牌，还出现在女子个人全能决赛场上。最终，顽强的丘索维金娜排在了

女子全能的第九位。在2011年日本体操世锦赛的女子跳马决赛中，36岁的丘索维金娜以14.733分获得亚军，年龄小她20岁的美国选手马龙尼以高出丘索维金娜不多的分数获得冠军。2012年夏天，丘索维金娜为了儿子坚持第六次参加奥运会，完成了人生的又一次奥运之旅。这位“体操奶奶”虽然没能从伦敦带走一块奖牌，但是留下了一段有关母爱的动人故事。之后，儿子阿里什的病情得到了控制，丘索维金娜终于松了一口气。

知识链接

虽然奥林匹克章程上并没有对参赛者年龄作出明确规定和限制，但考虑到人体的承受能力和健康方面的原因，大部分运动项目对年龄有要求。比如参加奥运会拳击项目的选手不能超过34岁；参加体操、跳水等项目的选手要求年满16周岁，在奥运会前一年的大赛中可放宽到15岁。（这是因为奥运会前一年的世锦赛同时兼做奥运会资格赛，当时15岁的选手到奥运会时也已满16岁）

做一做 请你和妈妈一起观看一场丘索维金娜的比赛视频，将你的观后感告诉妈妈。

涅式风度——陈一冰

知识点

2008年北京奥运会男子体操吊环决赛，夺冠热门陈一冰出色地完成了动作，得到的高分足以让他提前庆祝，但他在赛场上的一个动作，却让世人看到了比金牌更有分量的东西——尊重。

陈一冰出生于1984年，5岁开始进行体操训练，2005年在国际比赛中崭露头角，是中国男子体操新生代中的佼佼者。在2006年和2007年的体操世锦赛上，陈一冰都是中国队获得团体冠军的主力成员。此外，他还在这两届世锦赛上获得了吊环比赛的冠军，被称为“吊环王”。

不得不承认，22岁才获得世锦赛冠军的陈一冰是一位大器晚成型选手。竞技体育的现实就是一批批运动员逐渐老去，一批批新人不断冒出，22岁才冒头的陈一冰承受的压力可想而知。从1996年到2000年，这是陈一冰职业生涯中最艰难的时期。整整4年的时间，陈一冰没有什么成绩，压力也与日俱增。幸好，良好的运动天赋和出色的心理素质让陈一冰顶住压力，在2006年世锦赛的吊环项目中夺冠，全能排名第四。

在2008年8月18日进行的北京奥运会男子体操吊环决赛中，倒数第二个出场的陈一冰以近乎完美的表现征服了裁判和观众，获得了16.600的高分，这个分数足以让陈一冰提前庆祝胜利。就在观众用排山倒海般

的喝彩声为“吊环王”祝贺的时候，陈一冰却颇有大将风度地将手指放在嘴前，示意现场观众安静下来，因为后面还有一位选手即将登场比赛。

此时的陈一冰，没有因激动而忘记运动员的职业素养，他的心里想着其他选手。陈一冰在尊重他人的同时，也赢得了大家的尊重。荣誉有归属，运动无国界。在奥林匹克旗帜下，参赛运动员只有彼此之间相互尊重，才能增进友谊、促进和谐，才能真正展现奥林匹克精神。因此，陈一冰的“涅氏风度”比金牌更有魅力，更值得人们学习。陈一冰不仅为中国代表团赢得了2008年奥运会上的第36块金牌，还让世界看到了中国运动员的风度，看到了闪光的奥运精神。

知识链接

2004年雅典奥运会男子体操单杠决赛中，28岁的俄罗斯名将涅莫夫精彩地完成了一套动作之后，裁判却打出了9.725分的低分，现场观众不断发出嘘声，比赛被迫中止。十几分钟后，裁判作出改判，将比分改为9.762分。现场观众发出更猛烈的嘘声，比赛仍然无法进行。此时，涅莫夫亲自登场，颇有风度地作出手势，向观众示意保持冷静，比赛得以继续。赛后，尽管涅莫夫无缘金牌，但他以自己的职业风范赢得了观众和对手的尊重。涅莫夫这个感人的招牌性动作，被人们称为“涅氏风度”。

做一做 请将你了解到的“涅式风度”讲给伙伴们听，让他们分享感受。

独腿飞鱼——纳塔莉·杜托伊特

知识点

2008年北京奥运会上，南非运动员纳塔莉·杜托伊特难以想象地以一条残腿游完了10公里女子马拉松游泳，她最终的名次是第16名，有8名健康选手被她甩在了后面。

1984年，纳塔莉·杜托伊特出生在南非开普敦。她曾是南非最有天赋的游泳运动员。2000年悉尼奥运会时，年仅16岁的她就跻身三个项目的奥运资格赛决赛，但命运却跟她开了个很大的玩笑——2001年2月，她的左腿在一场交通事故后被截肢了。

那天，杜托伊特结束训练后骑摩托车回家，经过一家停车场时与一辆正在倒车的跑车相撞。“到处都是血，就像熟透的西红柿掉在了地上。”杜托伊特后来回忆说。尽管医生花了一个星期的时间尽力挽

救她的伤腿，但因为末梢神经受到了极大的损伤，最终还是不得不将她的左腿膝盖以下的部分截肢，并且在腿里植入了一块钛金属板。这位悉尼奥运会上仅以毫厘之差无缘女子混合泳的希望之星，瞬间成了肢残人。

身心经历了痛苦的磨难，仅仅三个月后，杜托伊特重返泳池，开始学习用一条腿游泳。但游蛙泳时她发现自己要么在水中打转，要么就因为用力过猛撞到池壁。很快杜托伊特决定放弃混合泳，转而主攻不需要太多打腿动作的长距离游泳。一年后杜托伊特就在英联邦运动会上闯进女子八百米自由泳决赛，在残疾人自由泳上夺得两枚金牌，并在 2004 年的雅典残奥会上获得 5 枚金牌。

为了参加 2008 年北京奥运会 10 公里马拉松游泳，杜托伊特每天都会游 16 到 17 公里，这对身体是一个极限挑战，但为了能够实现自己的目标，在奥运比赛前，杜托伊特每天都要进行这样的魔鬼训练。即使对于健全人来说，马拉松游泳也是一件相当有难度的事，更何况杜托伊特还是一位残疾运动员，幸运的是，她是一位意志力超强的运动员。

2008 年，凭借世锦赛上女子 10 公里马拉松游泳第四名的成绩，杜托伊特成为世界上仅有的25名能够参加北京奥运会10公里马拉松游泳比赛的女性。当时的她年仅24岁，也是奥运史上首位与健全人同场竞技的女子肢残游泳选手，更是唯一一位同时参加北京奥运会和北京残奥会的选手。在高手如林的赛场中，杜托伊特这双残缺的腿更加显得突兀。

在8月20日的决赛中，杜托伊特以2小时0分49秒9的成绩在25名参赛选手中最终排名第16，还有8名健康运动员被她甩在了后面。但当她从河道中爬出来的时候，面对观众毫不吝啬的掌声与喝彩，杜托伊特却对自己的成绩很不满意："有些失望，我应该能进前五，对于一名久经赛事的选手来说，这是不能被原谅的。"好在杜托伊特没有放弃，她希望在以后的比赛中能够获得更好的成绩。

知识链接

马拉松游泳赛是指公开水域游泳比赛中超过10公里的比赛。公开水域游泳比赛则指在江、河、湖、海等自然水域举行的比赛，这是国际泳联确立的6个正式项目之一。参加公开水域游泳比赛的运动员年龄不得小于14周岁。我国也分别于2002年和2004年在海南承办过两次公开水域游泳世界杯赛，是亚洲最先承办国际级公开水域游泳赛事的国家。

做一做 动手查找资料，看看我国参加公开水域游泳比赛的运动员有哪些。他们需要具备怎样的身体素质？

无冕之“王”——王皓

知识点

王皓，中国男子乒乓球运动员，是继马琳之后中国新一代乒乓球直拍选手，曾连续三年参加奥运会，并且连续在三届奥运会中获得男单亚军。

1999年王皓获得亚洲少年锦标赛男单冠军，并分别于2007、2008、2010年获得世界杯男单冠军，获得2012年亚洲乒乓球锦标赛冠军 、世界乒乓球团体锦标赛冠军以及2012年奥运会乒乓球男子团体冠军。这些成绩足以证明王皓的实力，但遗憾的是，连续三届杀进奥运会男单决赛，他连续三次仅取得了银牌。

2004 年 8 月 23 日，第 28 届雅典奥运会乒乓球男单决赛，王皓与韩国选手柳承敏对阵。在奥运会比赛前，王皓和柳承敏交手多次，都是王皓以绝对优势取胜。作为奥运会乒乓球比赛分量最重的男单冠军，

许多人都顺理成章地把这枚金牌提前归入中国队囊中。

决赛开始后，王皓以2 ：0领先，可是之后比赛的主动权却被柳承敏控制了。而王皓太想拿下这枚金牌了，背上了想赢怕输的思想包袱，过分依赖反手，节奏完全被柳承敏掌控，最终以2 ：4败北，丢掉了这枚分量最重的金牌。这次奥运会成了王皓乒乓球生涯的巨大障碍，此后，他患上了“决赛恐惧症”。每次比赛，他都能凭借自己的实力打入决赛，可是一到决赛的时候，他又变得魂不守舍、神情恍惚。

2005年全国十运会决赛他输给王励勤；2005年、2006年，王皓两

次打入世界杯决赛，2005年他在大比分3 ：2，第6局8 ：4领先的大好形势下被德国选手波尔翻盘；2006年又被马琳以0 ：2实现大逆转。连续四次重大赛事获得亚军，有媒体戏称王皓为“千年老二”。

几年的卧薪尝胆，让王皓终于有了脱胎换骨的变化。2006年11月，在多哈亚运会上，他战胜队友马琳，一举夺魁。紧接着，在11月举行的世界职业巡回赛总决赛中，他又一次摘得桂冠。2006年冬天成了王皓丰收的季节。

2008年北京奥运会上，王皓在团体赛中发挥稳定，与队友马琳、王励勤勇夺乒乓球男子团体冠军，但在男单决赛中，又以1比4不敌

队友马琳，连续两次无缘奥运会男单金牌。2012年伦敦奥运会上，幸运之神依然没有眷顾王皓，他输给了张继科，第三次与男单冠军失之交臂。

连续三届奥运会打进决赛，这是奥运会乒乓球历史上从来没有出现过的。王皓这么多年来一直处于世界乒坛顶尖选手之列，其实力绝不能用简单的成绩来概括。

尽管王皓没能站上奥运的最高领奖台，但他早已成为球迷心目中的冠军，人们为他遗憾和惋惜，更为他骄傲和自豪。因为世人看重的不仅是金牌本身，而且是那份坚持、拼搏、顽强，这才是真正的奥林匹克精神，王皓的银牌依然成色十足。他堪称球迷心目中的无冕之“王”。

知识链接

乒乓球是我国的国球，是一种世界流行的球类体育项目。奥运会乒乓球比赛规定，发球开始时，球自然地置于不持拍手的手掌上，手掌张开，保持静止。发球员须用手将球几乎垂直地向上抛起，不得使球旋转，并使球在离开不执拍手的手掌之后上升不少于16厘米，球下降到被击出前不能碰到任何物体。

做一做 学习打乒乓球，跟朋友们约定一起去打一场乒乓球比赛吧。

死亡与梦想——达娜

知识点

在奥运会这样高规格的赛场上，很多国家的运动员都经过长期正规的训练，且对比赛的装备有严格要求，而来自伊拉克的达娜却穿着从旧货市场淘来的二手跑鞋参加了北京奥运会女子百米赛跑的比赛。

由于伊拉克政局的动荡，运动员达娜平时的训练就在战火纷飞的巴格达的破破烂烂的山路和体育馆中进行。达娜连基本的人身安全都得不到保障，更不用说拥有专业的运动装备了。但她依旧没有放弃自己的奥运梦想，每天坚持训练。

谁也没想到，死亡的触手会伸向巴格达大学田径场，这是达娜新找到的练习场地。那里位于巴格达加德里亚区，原本是比较安全的区域。那天，附近屋顶上的狙击手向达娜开枪射击，子弹与达娜擦肩而过，击中了旁边的大树，她赶紧卧倒了。就在这时，第二发子弹又射向了达娜，好在只击中了地面。达娜虽然幸运地躲过子弹，但由于惊吓当即就晕倒了。三十分钟后，她醒来了，洗完脸又回到田径场，继续练习跑步。

面对乱世，达娜显得很坦然，她说："我雄心勃勃，如果街道被封锁了，如果枪战发生了，那么我会绕路走，因为我要实现新的目标，我要前进。"达娜的成绩证明了此言不虚。她保持着伊拉克女子100米和200米的全国纪录。她在2007年阿

拉伯运动会上获得了200米24.80秒的成绩，赢得了参加北京奥运会的外卡。

最初，处于战乱的伊拉克被禁止参加北京奥运会。当听说无法参加北京奥运会后，达娜哭了，教练优素福安慰她说：“你还可以参加2012年伦敦奥运会。”“但是谁敢保证我能活到2012年？”达娜回答。爆发战火后的伊拉克还在重建中，当时的政局连人的性命都保不住，又怎能保得住四年之后的奥运梦想呢？幸好，在最后关头伊拉克被解禁，达娜在最后一刻搭上了北京奥运会的末班车，参加了2008年北京奥运会，但她脚上的那双二手“新百伦”跑鞋依然让世界人民心酸。

其实，在伊拉克，像达娜一样不断追求奥运梦想的运动员不在少数。2012年，战乱未平的伊拉克仅派出5男3女总共8名运动员参加伦敦奥运会，由于伊拉克国内安全形势尚不稳定，且缺乏必要的训练条件，所以这8名运动员先前均在国外训练。参加奥运是他们的梦想，永不放弃是伊拉克选手向全世界展示的奥林匹克精神。

知识链接

2003年3月20日，以美英军队为主的联合部队对伊拉克发动了军事战争，称为伊拉克战争，又称美伊战争，是美国以伊拉克藏有大规模杀伤性武器并暗中支持恐怖分子为由，绕开联合国安理会，单方面对伊拉克实施的军事打击。到2010年8月美国战斗部队撤出伊拉克为止，历时7年多，美方最终没有找到所谓大规模杀伤性武器，2011年12月18日，美军全部撤出。美军撤出后，伊拉克政局依然动荡。

做一做 请大家选择一项适合自己的运动并坚持下去。

最后一枪——马修·埃蒙斯

知识点

马修·埃蒙斯，美国射击名将，在连续三届的奥运会男子50米步枪比赛中均在最后一枪失利，于绝对优势的情况下，将金牌“拱手相送”。

马修·埃蒙斯从14岁开始参加射击比赛，创造50米运动步枪三种姿势比赛的少年世界纪录。他曾在2001年世界杯美国站一人包揽男子步枪三个项目的金牌，随后在2002年世锦赛上获得卧射冠军，并在2002年国际射击运动联合会世界杯决赛和2004年国际射击运动联合会世界杯决赛中获胜。

2004 年雅典奥运会上男子步枪三姿决赛中，原本落后 2 环的马修·埃蒙斯一点点地缩小与中国选手贾占波的差距。到第 6 发子弹，埃蒙斯反超贾占波，到第 9 枪时，埃蒙斯把两人的差距已经拉开了 3 环。只剩最后一枪了，没有人怀疑这块金牌不是埃蒙斯的，除非埃蒙

斯出现意外。贾占波单靠自己的实力是无法扭转乾坤的。不料鬼使神差，埃蒙斯最后一枪竟然脱靶，贾占波幸运地获得了冠军。

4年之后，北京奥运会男子50米步枪3×40决赛中，埃蒙斯在倒数第二轮领先对手将近4环。在金牌几乎唾手可得的情况下，历史却戏剧性地重演，他最后一轮仅打出了4.4环这一不可思议的成绩，几乎和脱靶一样，再次成就了中国运动员获得金牌的梦想。

2012年伦敦奥运会射击项目的最后一个比赛日，男子50米步枪三姿决赛，马修·埃蒙斯再次败在了"最后一枪"。在决赛第9枪还领先对手1环多的情况下，埃蒙斯的最后一枪只打出7.6环，将几乎到手的银牌"友情相送"给韩国选手金钟铉，只获得了一枚铜牌。

然而，埃蒙斯对这次"失误"显得很冷静，他说："比赛结束前任何情况都有可能发生，任何人都有站上奥运会领奖台的机会，这种感觉妙不可言。打出最后一枪后，我低下头想，嘿，我得到了一枚铜牌，真酷。"

一般来讲，运动员出现这么大的失误，大多极为痛苦，或者不知所措。但是在北京奥运会失利后，埃蒙斯却第一个走过去与中国选手邱健拥抱祝贺。在拥抱的一刹那，人们看到的是他那平和、充满善意的微笑。看到这个举动，在场的中国观众无不为之感动。当埃蒙斯面对记者时，带着阳光般的笑容淡淡地说："这只是一次比赛。这就是体育。我们家已经得了三块奖牌。OK，一切都很好。"

奥运会本是和平的聚会，友好竞争的比赛，不能让功利主义使比赛变了味。埃蒙斯在三度失利后，表现出来的坦然与大度，赢得了世界的尊重。

知识链接

步枪是单兵肩射的长管枪械步枪。主要用于发射枪弹，杀伤暴露的有生目标，有效射程一般为400米；有的还可发射枪榴弹，具有点面杀伤和反装甲能力。

做一做 马修·埃蒙斯乐观的态度值得我们学习，你还知道哪些关于乐观的事例，请写下来。

无私守望——何宁

知识点

何宁，中国女子体操队队员，2006年2月正式加入国家队。她是2008年北京奥运会中国体操女队的第7人，也就是替补队员。

中国女子体操队人才济济，何宁的姓名可能连体育记者都不太熟悉。但她却在比赛中多次打头阵上场，表现不负众望。2006年多哈亚运会上，不满16岁的小何宁延续了资格赛排名第一的神勇发挥，在平衡木和自由体操两项上得到全场最高分，最终以59.45分夺得中国体操军团在本届亚运会上的第四枚金牌；同时，她还在这届亚运会上获得了体操女子全能冠军和女子高低杠亚军。

为了做好迎战北京奥运会的准备，中国女子体操内部进行了一系列改革，其中很重要的一条就是增强队伍内部的竞争。极为残酷的竞争机制虽然提升了中国体操女队的整体实力，但却让一些名将错过了参加奥运会参赛的机会，何宁就是其中之一。以主力身份获得2006年

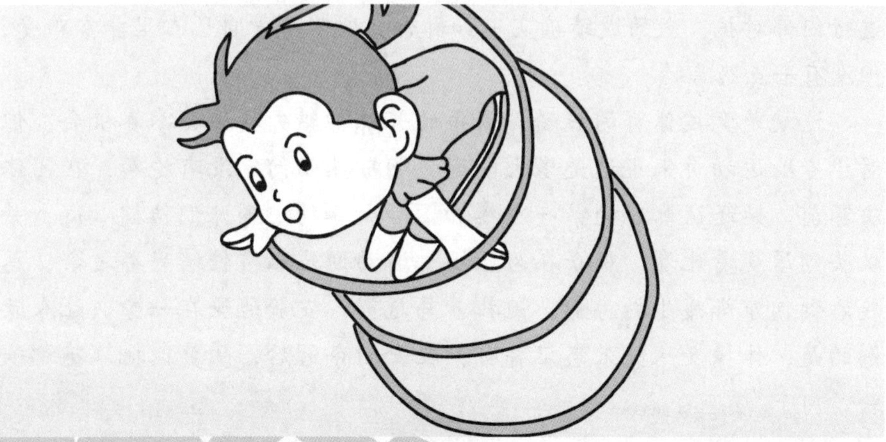

世锦赛女子团体冠军的何宁，因为在与小将邓琳琳的对抗中落败，成为女子体操队第7人，获得北京奥运会女子体操替补名额（即所谓的P卡，指没有注册参赛，没有机会进入奥运村）。

当时，在中国体操女队中，除了程菲和庞盼盼之外，资格最老的队员就是何宁。这位1990年出生的浙江姑娘曾是中国女子体操的希望之星。对抗落败后，何宁伤心落泪，但她没有抱怨，她说："现在队里的选拔机制非常透明，也很公平，为了准备奥运会，我们经常在队里进行内部对抗，我的成绩确实不如琳琳，所以尽管自己心里非常难受，但没有一点怨言。"

这就是竞技体育的残酷，多年的苦练却错失奥运会参赛机会，但对于专业运动员来说这是多大的遗憾啊！然而何宁没有抱怨，在团体决赛前，她还认真地向第一次参加国际大赛的小师妹们传授心得，并从头到尾观看比赛。观众在为赛场上运动健儿取得佳绩兴奋之余，总能看到何宁那瘦小的身影，她扎着马尾辫，安静地坐在一旁。让人欣慰的是，体操女队并未忘记替补，在女团夺冠后，队员们把鲜花都献给了何宁。

对于拿P卡的替补运动员来说，无法成为正式队员固然是一种遗憾，但在这背后，还要用积极的心态去当好替补，这不仅是一种心理历练，而且是对人格的一次考验。当所有人都沉浸在夺金的喜悦中，可曾知道每块金牌的背后，绝不是一个人的努力！感谢为体育梦想默默付出的“何宁”们，虽然没有奥运金牌选手的光环，但他们的隐忍和付出，又何尝不让人感动呢?

知识链接

P卡是指替补队员所持有的有效证件，从2008年北京奥运会开始实施。P卡的使用主要包括三方面：第一，根据国际奥委会的规定，在有运动员意外受伤，无法继续参赛的情况下，此前申请P卡的替补队员可以申请替补出赛；第二，在P卡更换成正式的运动员卡后，受伤运动员的原有权利将被收回，运动员将不再具备进入奥运村的权利，且不能参加单项比赛；第三，只有在替补队员递交表格提出替补申请得到许可后，方可注册新的身份卡。

做一做 请观看一场奥运会比赛，找一找在赛场外的那些替补运动员们，为他们鼓掌吧。

铁血真汉子——李宗伟

知识点

李宗伟，祖籍福建，华裔马来西亚羽毛球运动员，曾是世界羽联男单排名第一。

李宗伟从小就受到东方文化的熏陶，性格内敛、谦虚，专业特点是突击爆发力好，变速能力强，头顶杀对角威胁大。他是马来西亚男单头号选手，在师从中国前羽毛球教练李矛后成绩上升很快，已经成为中国男单最强劲的对手之一。在2012年伦敦奥运会羽毛球男单决赛中，这个三十多岁的男人是靠服用止痛药，带伤拼完奥运会的，最终以1球之差负于林丹，遗憾屈居亚军。

人生真的是变化无常。2006 年 9 月在马德里，李宗伟在世锦赛四分之一决赛中输给了鲍春来，之后便陷入了事业的低潮期，在此后长达一年的时间里，他没有获得过任何一项赛事的冠军。多哈亚运会前夕，李宗伟不幸出了车祸，他在高速公路上开车去训练，没想到跟在他后面的车爆胎了，失控的车子撞到了他开的车，导致他头部受伤，最后缝了 6 针，疤痕至今还清晰可见。祸不单行的是，从亚运会铩羽而归后，将他从一个普通球员带到顶级选手的恩师李矛也离开了他，他的教练又换成了米斯本。

那段时间，他的职业生涯一下滑入低谷。因为车祸，他很久不能系统地进行训练，在比赛中有时也会看不清球，不得不申请擦汗来休息一下。好几次大赛，他的签位都不错，但是却没有抓住机会。马来西亚的很多媒体都认为他不可能再有好的成绩了，称他是“家乡的冠军”，但在国际大赛上取得不了好的成绩。

2008 年的奥运会，他杀进了决赛，但是却惨败给了林丹。在多数

马来西亚人的眼里，他的这枚银牌给国家带来了荣耀，但是他自己却认为这是一次惨痛的经历。在返程的飞机上，他控制不住，掉下了眼泪，因为他认为自己不该输。在奥运会结束后电视台的专访中，提起这枚银牌，他又忍不住掉下了眼泪，他说对不起自己的教练，对不起家人、国家，对不起一直支持自己的人。

2009 年，李宗伟逐渐走出了奥运失利的阴影，并且鞭策自己更加努力地训练。他的努力没有白费，2010 年 1 月 9 日世界羽联超级系列赛总决赛最后一天，李宗伟夺得男单冠军，他也成为史上首个在羽联总决赛实现三连冠的球员。

2012 年伦敦奥运会，李宗伟一路杀到男单决赛。与四年前的北京奥运会一样，对手还是林丹。第一局他以 21 ∶ 15 战胜林丹；第二局林丹适应其打法，10∶21 扳回一局；最后一局，以 19 ∶ 18 领先的李宗伟，最终还是惜败林丹。当最后一球出界，镜头大多给了林丹奔跑庆祝的样子，却忘了那个蹲在地上拿拍子支撑住颤抖身体的李宗伟，媒体不知道，那时李宗伟是靠服用止痛药拼到比赛最后一秒的。

竞技体育总是很残酷，胜利者夺走了全部，“失败者”留下的只是一个落寞的背影，我们要感谢那些为了奥林匹克精神流血、流汗、不

流泪的运动员们。很多人忍受着伤痛并带病坚持到比赛最后一刻，他们虽然没有赢得金牌，但付出的努力同样值得称颂，因为他们为观众呈现了一场又一场令人震撼的比赛。向他们致敬！

知识链接

林丹，又称“超级丹”，中国男子羽毛球队单打运动员，中校军衔。2002年8月，不满19岁的林丹在国际羽联排名第一。2008年获北京奥运男子羽毛球单打冠军。四年后，在伦敦奥运会羽毛球男子单打决赛中，林丹和李宗伟展开巅峰对决，林丹以2：1战胜李宗伟，成为史上首位两次夺得男单奥运金牌的羽毛球选手。

做一做 请上网查询李宗伟打羽毛球的一些技巧。

第3章

喜闻乐见——趣味体育活动

滚球击柱

知识点

打保龄球是指持球者瞄准球道上排成正三角形的十个球瓶，投出保龄球，使滚动的球击倒球瓶的一种运动。常打保龄球有益于增强人的自信心。

考古学家在距今约7000年的古埃及的古墓中发现了九个球瓶和一个石球，因而推断那时就有可能出现了类似保龄球的运动。之后，3到4世纪的欧洲，这一运动演变成了宗教仪式，球瓶被当作恶魔，将击倒球瓶象征为除魔，也有为自己赎罪、消灾的意思。中世纪的宗教改革之后，在德国，保龄球逐渐发展起来，成为“九瓶运动”。16世纪，保龄球传入美国，而后其球瓶个数逐渐演变成为十个。

保龄球运动既有竞技性，也有很大的趣味性，是一项不论男女老少、晴天雨天都能进行的娱乐活动。打保龄球之前，先选择适合自己力量的球。球孔的大小和间隔要适合自己的手，孔的大小主要以拇指为准，要能把拇指伸进去和拔出来，但是又不能有多余的空隙。拿球

时，肩膀要平，面向球道上的箭头，手心托球，两手将球拿正。握球和站立姿势正确，面向目标集中思想，两眼看着指向目标的箭头。助走步法分为3步、4步、5步三种，其中4步

法最为常用。第一步，先从右脚起步，同时将球向前伸出；第二步，左脚踏出，球在手上与身体的角度约成90度；第三步，右脚向前踏出时，球的位置放到后面；第四步，左脚滑出时，同时将球从手里送出，脚步不要超过犯规线。

送球时身体摆正，松肩，直向球道助走，维持手脚之间的配合，球的摆动轨迹要像钟摆一样，所在平面垂直于地面，最重要的就是眼睛要注视球道上的箭头，以决定球送出后的路线。

保龄球以击倒球瓶数的多少来计分并决定胜负，以局为单位，一局分为10轮，每轮有两次投球的机会。如果在一轮中，第一次投球就把10个球瓶全部击倒，即全中，就不能再投第二次。唯有第10轮不同，第一次投球如果全中，仍要继续投完最后两个球；如果是补中（保龄球运动中，在第一次投球未全中的情况下，第二次投球击倒剩余的所有球），就要继续投完最后一球，结束全局。值得强调的是，如果两次投球没有将10个球瓶全部击倒，那么第三次机会就会被自动取消。

现代人生活压力比较大，打保龄球可以缓解、消除人们在工作和生活中的压力。不管身体强弱，只要通过努力就可取得高分，因此常打保

龄球还可以培养和增强人的自信心。据计算，打3局保龄球的运动量等于骑车20分钟、跑步15分钟或打网球20分钟。

知识链接

保龄球馆为了满足多数人的需要，公用球指孔往往都比较大，所以人们打球的时候，手要使劲捏着球以免滑落，无形中消耗了体力，不但影响成绩，而且时间长了拇指还可能变形。保龄球爱好者一般都备有自己的专用球，按照自己手指的粗细打孔，不仅能提高成绩，还能防止运动伤害。老年保龄球爱好者，尽量不要练“飞碟球”，因为这项技术有个翻腕的动作，老年人的关节相对僵硬，容易发生韧带拉伤。

做一做

请你邀请几个同学，到保龄球馆感受滚球击柱的乐趣吧。

模拟作战

知识点

真人CS是近年来非常热门的一项户外运动，它是对真实战场环境下作战的高度模拟，从而使参与者在活动中达到放松身心、充分锻炼身体的效果。

真人CS其实是一种模仿军队作战的游戏，参加者都穿上各款军服，手持玩具BB枪，配备各款野战装备，穿梭于丛林之间，展现各种队形阵势，在游戏中扮演士兵或将领的角色。真人CS战役主要是攻防战、大逃杀等游戏任务或者根据标准军队分队演习，通过对抗游戏让参与者体验真实战场环境下才能激发出来的勇气、信念、谋略、友情等。

真人CS游戏玩法多种多样，有以歼灭对方为目的的“歼灭战”、狭路相逢的“遭遇战”、以攻城略地为目的的“攻防战”、以速度取胜的“夺旗战”、考验反应的“伏击战”、重队形组织的“保护政要”，还

有“室内接近战”等。怎样才算“战死”呢？其中一个玩法就是“中枪死”。它是指无论身体或装备的任何一部分“中弹”，都表示该参加者已经“战死”，即不能再参加游戏。

真人CS游戏使用的弹药主要分三类：彩弹（匹特博）、BB弹（War Game）和激光（镭战）。目前，国际上最流行的是使用BB弹的真人CS。在国外通常考虑的是场地的真实性，装备的性能和仿真程度，追求的是最具真实性的现场感觉；在国内人们玩真人CS以激光为主，侧重于考虑如何防止对方作弊，在比赛中取胜。由于BB弹枪械属于高仿枪支，在中国是禁止的，所以国内没有使用BB弹的真人CS。

真人CS运动量较大，在很多大城市中建有不少的地下对战场地。这样，在炎热的天气里人们可以在地下室里享受难得的凉爽，其中还含有酒吧之类的休闲娱乐设施。在地下对战场地，玩家利用设置的箱子、墙壁、油桶或其他掩体来相互“射击”，而玩家身上多半会装有遥感设备，当枪发射出信号后，若击中你的身体，则信号会被衣服上的接收器收到，发出响声表明你已“阵亡”，只能退出游戏。

只有充分地考虑战略，应用有效的战术，才能够在真人CS游戏中取胜。这样的游戏非常适合团队作战，因为只有团队中每个人都凝聚在一起，才能完成游戏中的一个个挑战。一个能够充分考虑各种因素，制定完整战略，执行有效战术的团队将是一个常胜的团队。

如今很多上班族工作任务繁重，工作压力巨大，处于亚健康状态。真人 CS 传递了一种健康向上的运动价值观，在战斗中奔跑、跳跃、移动等，可以舒展身体的每一寸筋骨。运动之后，可以痛快地洗个热水澡，带走工作带来的一身疲惫。

知识链接

亚健康是一种介于健康与疾病之间的状态，是一种临界状态。处于亚健康状态的人，虽然没有明确的疾病症状，但却出现精神活力和适应能力下降，如果这种状态不能得到及时的纠正，则非常容易引起身心疾病。亚健康状态的人通常表现为头痛、头晕、失眠多梦、记忆力下降、反应迟钝、注意力不集中、心慌、胸闷、精神压力大、免疫力差以及脱发等。

做一做

想一想，玩真人CS游戏时要注意什么，把你想到的列出来。

自由飞翔

知识点

作为极限运动的高空跳伞是目前全球最为普及的航空体育项目之一。不同于飞机跳伞中运动员身背主伞和备份伞两副伞，高空跳伞只有一副伞。

高空跳伞是指跳伞员乘飞机、气球等航空器或其他器械升至高空后跳下，或者从陡峭的山顶、高地上跳下，在张开降落伞之前和开伞后完成各项规定动作，并利用降落伞减缓下降速度，在指定区域安全着陆的一项体育运动。高空跳伞极具惊险性和挑战性，通过这项运动，人们能够享受在高空中自由飞翔的畅快。

我国民间有一段关于跳伞的传闻。朱元璋夺取天下后，在一座高阁大宴群臣，暗藏杀机。酒席过半，刘伯温知道有危险，借故离席，打开一把事先带去的雨伞，跳楼而去，安全逃生，从此隐居山林。虽

然这段传闻在正史中找不到，但在明朝时，跳伞确实已成为一种民间杂技。

从18世纪末开始，跳伞运动在欧美各国迅速发展，并逐渐在世界上流行。1926年，美国率先将跳伞运动正式列为空中比赛项目。目前，跳伞运动成为全球最为普及的航空体育项目之一，也是最时髦的极限运动之一。

一般高空跳伞跳下的高度在700米和3000米之间，最低安全开伞高度为500米。如果是上百人的大规模造型跳伞，那么跳伞高度可能达5000米。跳伞员事先需经过气压舱训练，以适应高空气压变化，跳伞时还要佩戴氧气设备和气压自记器。

职业高空跳伞以运动员跳离飞机至打开降落伞之间的自由坠落距离计算成绩。个人跳伞高度纪录是一名运动员一次跳伞自由坠落的距离，以米为单位；集体高度纪录是全组成员一次自由坠落的平均距离，要求一组至少3人。职业高空跳伞有男子和女子、个人和集体之分。

作为极限运动，跳伞运动员从高耸竖直且建筑物相对密集的城市的高处跳下，在叠伞方式、开伞程序以及降落伞器材等方面都和传统的飞机跳伞不同，概括起来就是“准、正、稳”。跳伞的方式很多，最早是从热气球上跳伞，然后发展为飞机跳伞、伞塔跳伞、牵引升空跳伞等（当今喜爱冒险运动的人们又发明了从悬崖和摩天大厦上跳伞）。目前跳伞项目除了传统的特技、定点、空中造型、空中踩伞等项目外，又新增添了空中自由式跳伞和空中滑板跳伞，从单纯的竞技型向休闲、娱乐和极限运动演变。跳伞过程中包括旋转、翻筋斗、转向、特技编队、传递接力棒，甚至不带降落伞从飞机上跳下，在半空中从另一位跳伞者那里取得降落伞等动作。

高空跳伞运动员只有一副伞，没有备用的选择余地，开伞时只能一次成功，由于距离地面高度低时，运动员没有用修正棒调整方向的时间，所以在开伞的一瞬间就要端正地朝向瞄准的固定物。如何在迅疾的降落过程中安全脱离、避开周围建筑物，在复杂的环境中安稳地降落是极限跳伞的另一个难点。

知识链接

法国影片《无法触碰》根据真人真事改编，讲述了一位富有的贵族菲利普在一次跳伞运动事故后，下肢瘫痪，只能坐在轮椅上，生活无法自理。

高空跳伞是一项极限运动，存在一定的危险。为了尽可能减小危险系数，在参加跳伞运动之前要注意以下几个方面：第一，飞机飞行的高度与气压；第二，有没有专业教练和专业跳伞装备；第三，选择适合跳伞的天气和地理位置；第四，掌握意外情况的应对方法。

做一做 跳伞运动对身体有什么好处？为什么受到人们的青睐？请将你想到的写下来。

愿者上钩

知识点

钓鱼是一种捕捉鱼的方法，也是现代人的一种休闲娱乐运动，同时它也是一项国际赛事。

大约五万年前，人类的祖先学会了用骨针缝制兽皮衣服。近几十年，在我国发掘的属于那个时代的古物中，人们除发现大量的石器和用兽骨磨制的刀、齿、镞之外，还发现了很多鱼叉和鱼钩。这说明垂钓在中国的历史十分悠久。

“姜太公钓鱼，愿者上钩”是不少人熟知的典故。古往今来，人们都把钓鱼看作一项有益身心健康的娱乐活动。很多名人、学者都喜爱钓鱼，虽然他们垂钓的目的各不相同，但培养高雅的情趣，陶冶身心的初衷是一致的。

当然，真正想钓起来鱼，可不能像姜太公那样用没有鱼饵的直钩。

钓鱼是一门艺术，也是一门技术，有很多因素会影响到钓鱼的效果，其中有人为的因素，也有自然的影响。

钓鱼对水质的要求很高。现在有很多工厂排出的污水对周边水源产生污染，还有农民所使用的农药、化肥和柴油等流入水中，也会影响水质。这些受污染的水会产生一种刺鼻的怪味，垂钓者在这种水域钓鱼，肯定不利于身心健康。

钓鱼对天气很有讲究，主要是看阴晴、看气温。晴天要钓浑水，钓深水，钓远水；阴天可以钓清水，钓浅水，钓近水。晴天光线强，在浑水中好钓鲤鱼；阴天的光线弱，在浅水中好钓鲤鱼。看气温是指温度在5℃以下或35℃以上，有些鱼会停止进食，要想钓上它们会有困难。温度在20℃左右时好钓鲫鱼、鲤鱼，温度在30℃左右时好钓草鱼、鳊鱼。一天之内，温差在5℃至8℃左右，是比较好钓鱼的，如果温差超过15℃，则不好钓鱼。

同一个水域，有的地方鱼上钩很快；有的地方鱼很久才咬一次钩，钓位不当常是原因之一。选好钓位主要凭经验。鱼有鱼道，即其经常的游动路径、栖聚位置都有一定的规律可循。一般来说，在自然水域，如水塘、河沟、湖泊、河流等，应选择有水草或芦苇的地方下钩。人工养鱼池喂料台附近是最易集结鱼群的地方，特别是喂料时间的前后。

钓鱼还要选好钓饵，钓饵一般要用所钓的鱼最喜欢吃的食物。如鲫鱼喜欢蚯蚓、红虫，鲤鱼喜欢玉米面，草鱼喜欢芦苇芯和蚂蚱，梭鱼喜欢海蚕，等等。如果不清楚，则可多带几种饵料，以备必要时选用。

鱼的内耳十分发达，听觉相当灵敏.鱼听到刺耳的声音时，如机械的作业声、机动车的鸣笛声、岸上人的喧哗声等，会立即潜伏在浑水区不动，不会再游动觅食。所以，钓鱼要避开大路，选择环境安静的钓场，不要在岸边制造太大的声响，更不可大声喧哗。

据说脱钩的鱼能用身体的侧线向同类发出一种警告的信号，还有说法认为鱼能分泌出一种物质传导给其他鱼，因此，应尽量防止脱钩现象，脱钩后多半要换个新的钓位。

经常有国际钓鱼运动组织举办国际钓鱼比赛，只有在国际钓鱼运动组织正式成员国的运动俱乐部内，完全交纳会费的会员才有资格参加国际钓鱼比赛。

知识链接

在我国成都有一种“打水麻将”的运动，参与者首先要会钓鱼，其次，每人先交报名费5至10元，人数不限，要求在40分钟或者1小时内，看谁钓得最多，或谁钓得最重。“打水麻将”考验的不只是垂钓者的技术，还有手气，能锻炼人的身体和眼力，抛线、拉线，每一项都不能马虎。参与者要在规定的时间内争分夺秒，使用自己的绝招，调配出最好的鱼饵，用最快的速度拉起上钩的鱼。“打水麻将”跟专业钓鱼比赛的规则一样，不过却更加随意。参与者不为挣钱，纯粹是为了娱乐。

做一做 周末跟着家长一起去郊外“打水麻将”吧，比比看，谁钓得多。

雪中大冒险

知识点

滑雪是一项活力十足、极富刺激性且可强身健体的体育运动。近几年，滑雪运动逐渐褪去了“贵族运动”的外衣，成为一项深受广大群众喜爱的运动。

滑雪指运动员把滑雪板装在靴底，呈站立姿态，手持滑雪杖，足踏滑雪板在雪面上滑行的体育运动。滑雪运动项目较多，世界上正规比赛的大项目有高山滑雪、北欧滑雪、自由式滑雪、冬季两项滑雪、雪上滑板滑雪等，每大项又分众多小项。高山滑雪由于具有惊险、优美、自如、动感强、魅力大、可参与面广的特点，所以被人们视为滑雪运动的精华和象征。一般情况下，评估人们滑雪技术水平的高低，多以高山滑雪为尺度。

滑雪运动起源并发展于北欧的斯堪的纳维亚半岛。在世界滑雪运动中居领先地位的国家有斯堪的纳维亚半岛各国，如挪威、瑞典、芬兰，还有西欧的阿尔卑斯山脉周围的国家，如法国、意大利、奥地利、

德国和瑞士等。一般来说，斯堪的纳维亚半岛国家在北欧滑雪项目上占优势，阿尔卑斯山脉贯穿的国家在高山滑雪项目上占优势。

滑雪的技巧大致可分为回转、大回转和空中技巧。回转和大回转都属于高山滑雪比赛项目。空中技巧是指运动员在覆盖较厚积雪的山坡上，借助下滑惯性在跳台起跳，纵身腾入空中，然后在空中完成各种向前、向后的空翻并加转体等高难度动作。专业评分标准如下：腾空、起跳、高度及距离占 20%；身体姿势和技巧动作表演水平占 50%；落地占 30%。根据动作的难易规定不同的难度系数。空中技巧表演场地的跳台分小、中、大三种。运动员所做的动作需要自选，但着地必须有 37° 左右的倾斜度和 60 厘米以上的软积雪层。

竞技滑雪具有鲜明的竞争性、专项性，相关条件要求严格。旅游滑雪是出于纯娱乐、健身的目的，男女老幼都可以参与享受滑雪运动带来的乐趣。

初学者应学好基本的滑雪技术，请一名富有经验的滑雪教练进行系统的培训。在选择滑雪场地时，坡度不能太陡，6° 左右则好；滑雪道要宽，50 米左右为宜；要有乘坐式索道来运送滑雪者；雪质要好，要有大型雪道机对雪面进行修整和保养。在时间的安排上，学习滑雪的时间不应少于 3 天，在这期间主要学习高山滑雪器材的使用方法，三种基本的滑降技术（包括直滑降、斜滑降、犁式滑降），两种转弯技术（犁式转弯技术、犁式摆动转弯技术）。初学者应在初级滑雪道上对这些技术反复练习，力求在实践中掌握要领。

作为一项体育运动，滑雪在强身健体方面有很好的作用。除了能够锻炼大腿、小腿、大臂、腹部的肌肉外，滑雪还能提高身体的平衡性、协调性，增强心肺功能。而且，雪场湿润的环境对人体也很有好处。

知识链接

滑雪在我国是一项时尚运动，从长远来看，滑雪运动具有潜在的商机。因为滑雪集旅游休闲和体育运动于一体，涉及多种行业。滑板、滑雪服、缆车、造雪机、压雪机甚至是专用眼镜、帽子等，每样东西都会带动相关产业的发展。滑雪场的建设与旅游滑雪业的发展会带动全社会相关产业的开发与建设，首先受益的是酒店、宾馆等服务行业。此外，滑雪场的建设与旅游滑雪业的发展对建筑、交通、电信、商业、手工业、农副产品生产等行业都有着巨大的拉动作用，对周围贫困地区的就业、脱贫乃至促进经济发展，增加收入都有积极的作用。2015年后，中国年滑雪人次能够达到1000万，产值近40亿。

做一做 你会滑雪吗？有机会的话，可以跟专业老师学习滑雪的基本要领。

深海诱惑

知识点

潜水原意为进行水下查勘、打捞、修理和水下工程等作业而进入水面以下的活动，后来逐渐发展为一项以在水下活动为主要内容，从而锻炼身体、休闲娱乐等目的的运动。

今天职业潜水的前身，是160年前英国的郭蒙贝西发明的头盔式潜水，这种潜水方式于1854年首次在日本出现。1924年人们开始使用带玻璃的潜水镜、利用泵从水面上吸取空气的“面罩式潜水器”，这是水肺潜水器材的前身。二次世界大战期间，一种特殊的军用“空气罩潜水器”被开发出来，它采用的是密闭循环式，并有空气瓶的装置。二战末期，法国开发了开放式“空气潜水器”，1945年前后这种潜水器在欧美非常流行。

潜水活动从性质上分为专业潜水和休闲潜水。专业潜水主要是指水下工程、水下救捞、水下探险等方面需要有经验的专业潜水人员进行的潜水活动；休闲潜水是指以水下观光和休闲娱乐为目的的潜水活动，

其中又分为浮潜和水肺潜水。我们平常能接触到的潜水观光就属于休闲潜水，在海滨旅游景区所看到的绝大多数都是休闲潜水。

浮潜是比较简单的，只需利用面镜、呼吸管和脚蹼就可以漂浮在水面，然后通过面镜观看水下景观。只要通过简单的培训，即可进行浮潜活动。

水肺潜水要求潜水人员带着压缩空气瓶，利用水下呼吸器在水下进行呼吸，是真正的潜入水底。全套水肺潜水装备包括面镜、呼吸管、呼吸器、脚蹼、潜水仪表、气瓶、浮力调整背心和潜水服等，潜水员在开放水域潜水时，还会携带潜水刀、水下手电乃至鱼枪等必要的辅助装备。

潜水使人可以像鱼儿一样置身于清凉明澈的水中，尽情欣赏五颜六色、千姿百态的海底生物。水中的奇异世界不仅可以给人巨大的精神享受，同时还能改善人体的心肺功能。在美国及日本，潜水运动甚至被作为一种治疗癌症的辅助手段。据科学论证，水对人体的均衡压力有助于血液循环，水下长时间的吸氧可以有效地杀死癌细胞，并抑制癌细胞的扩散。

潜水首先要适应的是在水下以口代鼻的呼吸方式，就像患重感冒一样。即使对于不会游泳的人来说，只要他们掌握了水下呼吸要领，也就可以潜得很好。近几年来，潜水器材的更新升级带动了潜水运动蓬勃发展，投身于潜水和喜欢潜水运动的人也越来越多。

人在潜水过程中，有时会产生耳痛、耳鸣症状，可能是由于耳朵里灌水或鼻子呛水。发生这种情况，可以将头歪向耳朵进水的一侧，用力拉住耳垂，同侧腿进行单足跳；或手心对准耳道，用手把耳朵堵严压紧，例如，如果是左耳进水就把头歪向左边，然后迅速将手拔开，水即会被吸出。

知识链接

在互联网时代，人们赋予“潜水”另一层意思，即指在别人不知情的情况下，在网络上隐秘地观看共享信息或留言，而不主动表露自己身份、发布信息和回复他人信息的单独个体或行为。

做一做 你对水下世界感兴趣吗？去网上收集一些深海的图片吧。

以天为被地为席

知识点

露营是指不依赖山屋、旅社等人工设备，而是用自己准备的工具，在山野中生活过夜的一种短时的户外生活方式。

军事露营往往有复杂的构造，营地一般装备有现代设施、清洁的淋浴室和盥洗室，细分为生活区、食宿区、通信区、指挥区等；旅游露营多采用方便小巧的户外装备，脚下有三平方米左右的平地，贴近自然，充分满足度假者的需求，达到户外休闲娱乐的目的。

露营需要携带各种露营设备，如帐篷、睡袋、背包、防潮垫、打火机、小刀、手电筒、户外炊具，以及解毒剂、感冒药、腹泻药、镇痛药、驱蚊剂、纱布、胶带、绷带等医药设备。

露营营地的选择很有讲究。露营之前，必须仔细勘察地势。露营休息离不开水，在选择营地时应选择靠近溪流、湖塘、河流边，

以便取水。但也不能将营地扎在河滩上，因为有些河流上游有发电厂，在蓄水期间河滩宽、水流小，一旦放水，河水将涨满河滩；一些溪流可能平时水流量小，一旦下暴雨，就有可能发大水或引起山洪暴发，尤其在雨季及山洪多发区。在野外扎营，要考虑背风问题，尤其是在一些山谷、河滩上，应选择一处背风的地方扎营。还有，注意帐篷门的朝向不要迎着风，考虑到用火安全与方便，门的朝向应背风。扎营时不能将营地扎在悬崖下面，尤其对靠岩石壁越近的地方越要留意，尽量避免在凹陷的地方扎营。营地最好靠近村庄，如果有急事可以向村民求救，近村的同时也近路，即接近道路，方便行动和转移。如果是一个需要居住两天以上的营地，则在天气好的情况下应当选择一处背阴的地方扎营，如在大树下面及山的北面，最好是朝照太阳，而不是夕照太阳。这样，如果在白天休息，帐篷里就不会太闷热；而在雨季或多雷电区，营地绝不能扎在高地上、高树下或比较孤立的平地上，那样很容易发生雷击事故。

搭帐篷还有很多其他注意事项，帐篷四角要用大石头等重物压住，帐篷内要保持空气流通。如果要在帐篷内做饭的话，则要防火。为了防止飞虫进入帐篷，可在帐篷周围撒一圈煤油。

在野外露营，有可能会遇到迷路的情况，这时候切忌慌张，要冷静沉着，利用所学知识和身边常见事物来识别方向。利用手表辨别方向是比较简单的方法。即利用传统手表的指针来判断方向，但前提是它表示的是确切的当地时间。越远离赤道地区，这种方法会越可靠。在北半球，将表水平放置，时针指向太阳，时针与12点刻度之间夹角的平分线指示的就是正南方向。

露营者在搭好帐篷后，可以点燃篝火，烧烤、野炊或者唱歌。野外露营不仅能学到野外生存技能，锻炼人的意志和身体素质，在互相合作、学习、娱乐的过程中拉近彼此的关系，还能放松身心，增长见识。

知识链接

在外旅行，最节省住宿费用的就是露营。有人算了一笔账，一顶价格在在500元左右的普通帐篷，可住3人，若平时爱惜，则至少可用50次，那么一次的人均成本仅为3元左右。而且，住帐篷既划算又卫生。当然，获得这些好处的代价就是要预先投资购买和花力气携带帐篷。

做一做 你有存压岁钱的习惯吗？如果有，那么请计算一下，你的压岁钱能不能买到一顶帐篷？

滚动健康活力

知识点

直排轮滑的发展已有几百年的历史。17世纪，一位荷兰人将木制滚轴钉在木片上，安装在自己的鞋子下，在夏天体验了溜冰的乐趣，这就是直排轮的雏形。

1979年，冰上曲棍球选手奥森改进了直排轮滑，由此开始了直排轮滑的迅速发展，并出现了各类赛事。如今，直排轮滑是一项美国参与人数排名前五的运动，同时也是6～17岁男性最常参与的运动，在年轻人中的流行程度可见一斑。直排轮滑符合年轻人追求时尚和健康的运动需求。

直排轮滑基本步型可分为外八字站立、内八字站立及平行步站立。外八字站立的要领和立正姿势一样，就是臀部夹紧、双脚施力，使左右轮滑鞋跟靠在一起；内八字站立的要领则和外八字站立完全相反，就是脚尖施力，使左右轮滑鞋前端靠在一起；平行步站立则是借由双

脚平行来使力量平分到鞋子的四个轮子上。三种步型的主要原理都是用双脚施力去控制轮滑鞋，而不是让轮滑鞋影响双脚活动。只要正确地施力，就可以轻松控制轮滑鞋。

进行直排轮滑运动之前，最好先做热身活动，让全身的主要关节动一动、拉拉筋，尤其是脚踝、膝盖、大腿关节与腰部。然后佩戴头盔及保护软垫，包括护腕、护膝、护肘、护掌等。在正式比赛中，业余运动员须穿着全套保护软垫，而职业选手则只需佩戴头盔及遮盖膝盖。要选择安全的场地进行直排轮滑，不要在车道、斜坡、有油渍或积水的地面玩轮滑。

对于初学者来说，穿着直排轮滑鞋站立，踝关节不稳定，再加上脚踝较容易内翻，稍不小心，关节附近的韧带便很容易受到伤害。专家建议，初学者在选购轮滑鞋时最好能挑选侧面经过改良的轮滑鞋，这有利于增加稳定度，脚踝比较不易内翻受伤。当然，最关键的是要量力而行，知道自己的运动极限，不能一味逞强，使自己受伤。最好找一个教练进行指导，不断累积专业知识与轮滑技巧，并向教练学习玩轮滑的安全常识。

直排轮滑运动对人体心肺功能的增强有很大的帮助，它所消耗的热量比慢跑更多，并且能增加肌肉的协调性、平衡感、反应力，已被广泛地应用在职业运动员受到运动伤害后的复健项目里。直排轮滑运动没有年龄、性别和场地的限制，学习的过程中乐趣无穷，4 岁以上的儿童就可以学习直排轮滑运动。直排轮滑有利于增强儿童体质，促进小脑发育，帮助孩子克服自卑、封闭的心理，培养其独立能力、人际交往能力，对呼吸系统、心血管系统的功能也有很好的提高作用。

知识链接

玩直排轮滑首先要有一双好的轮滑鞋。直排轮滑鞋分为休闲鞋、特技鞋、曲棍球鞋、竞速鞋、花式鞋，其中休闲鞋的使用在所有直排轮滑运动中占主要部分。休闲鞋一般有内套及鞋壳，强调舒适、安全，以符合大众需求为原则，设计上并不像其他专业鞋类，以满足普通人的休闲娱乐需求为主要目的。

做一做

你如果对直排轮滑感兴趣的话，则可以去选购一双适合自己的直排轮滑鞋，加入直排轮滑这项运动中去吧。

手舞足蹈

知识点

韵律操是一种在场地内使用球、棍、圈、绳、棒、带等进行比赛的体操项目，融合了体操、舞蹈等项目的特点，是体育与艺术相结合的产物。

韵律操是在人体立、坐、行、卧等自然状态下的艺术加工，在优美的音乐伴奏下运动，使身体的组织结构更加灵活。学习韵律操可以让人全身心投入运动，并在运动过程中享受精神的愉悦。

韵律操要求运动者的头、手、脚都要动起来，可以说是“手舞足蹈”。头和躯干部分的动作姿态是韵律操中的主要组成部分，而手臂和腿的动作姿态则是韵律操和舞蹈这一艺术形式的集中体现。

足尖步是以前脚掌着地行走的一种基本舞步。足尖步行走时，迈出腿的膝关节和脚面绷直外展，落地时要从脚尖过渡到前脚掌。足跟尽量提高，上体挺直，收腹、立腰，直臂摆动；滚动步是从脚尖到全脚掌依次滚动着地的基本舞步，要求右脚由脚尖滚动到全脚掌时，膝关节蹬直，同时，左腿屈膝，脚尖点地，重心柔和地移至右腿；跳步练习是增强下肢肌肉力量，提高协调性的最有效的锻炼方法之一。可以单个动作反复进行练习，也可以将几个跳步组合在一起进行练习；转体是韵律体操中难度较高的动作，也是训

练平衡性的一种很有效的手段。做转体动作时，要始终保持身体挺直，重心平稳，腿要用力伸直，以手臂带领身体转动。

韵律操的单个动作多，瞬间造型多，动作节奏变化多，成套动作节奏丰富而多变。由于韵律操是在音乐的伴奏下进行的，遵循人体运动的规律，合理地运用肌肉放松与紧张的协调配合，所以它的每个动作都可以有效地训练人体相关部位的正确姿态，从而塑造健康的身体和健美的体形。

韵律操不受场地、器材、人数、年龄、性别、气候等条件的限制，只需要一台录音机和一块空地就可以活动起来，便于进行教学与训练。尤其青少年正处于长身体阶段，可塑性强，是人体健美的重要时期。练习韵律操能使他们精力充沛、生气勃勃、姿态端正、举止灵敏而又洒脱，显示出青春的活力。总之，韵律操的教学形式多样，动作优美大方，具有趣味性、娱乐性、观赏性等特点。

进行韵律操练习，可在早上、白天或晚上。其中以下午三时至晚上八时这段时间为最好，因为在这段时间内，人的体力比较充沛。另外，学习之后进行锻炼也可以起到消除疲劳的作用。如果晚上练习，则要在临睡前两小时结束，以免过度兴奋而影响睡眠。

知识链接

少年韵律操是指在欢快活泼的音乐伴奏下，以韵律体操和舞蹈的基本动作和步伐组成的成套练习。全套动作活泼、愉快、舒展大方，可达到强身健体、塑造健美体形的目的。

做一做 和着音乐的节拍，跟朋友们学习跳一段韵律操吧。

城市疾走

知识点

跑酷，诞生于20世纪80年代的法国，又被称为“城市疾走”或parkour。parkour一词来自法文单词parcourir，直译为“到处跑”。此外，它还含有“超越障碍训练场”的意思。

跑酷把整个城市当作一个大训练场，一切围墙、屋顶都成为可以攀爬、穿越的对象，特别是废弃的房屋。跑酷能使人通过敏捷的运动来增强身心对紧急情况的应变能力，这点和武术近似，不过武术模拟格斗反击，而跑酷模拟紧急脱逃。

跑酷的动作有前空翻、后空翻、侧空翻、懒人跳、墙转、手撑旋转等，往往是为了追求自由、出其不意的效果。跑酷要求运动员身体协调性很好，如果天生协调性好，那么玩起跑酷进步是非常快的。同时，跑酷还要求身体的肩部、臂部、背部、腹部、下肢这些部位都要

有力量。此外，跑酷的一个很重要的前提条件就是要有勇气，每个人都有恐惧心理，往往越紧张，身子越放不开，越容易受伤。跑酷的失误一般都是因为在做动作时产生害怕情绪，导致动作变形。初学跑酷的人最好到类似室内训练馆的地方练习，因为这种地方备有垫子，初学者在练前空翻、后空翻、墙壁翻转时，不容易受伤。

跑酷者像猿猴一样灵活攀越，有人认为这是一项街头艺术，也有人将它看成是青年亚文化所倡导的一种生活方式。从本质上看，跑酷是人类与生俱来的本能反应，这种本能就是运动。跑酷是一种需要真正勇士精神的运动，它将周围任何可以利用的环境设施利用起来，进而开发人的潜在运动能力。除了能够提高身体素质，增强灵活性和协调性之外，跑酷对精神也有益，学跑酷会让人明白如何去克服自己的恐惧心理，提高克服困难的能力。

跑酷传入我国很早，但在国内盛行起来还是近几年的事。目前我国一、二线城市基本都有跑酷社团成立，其中上海是较早引入跑酷运动的城市之一。玩跑酷的人来自各行各业，不少城市白领通过跑酷锻炼来达到减压的目的。

需要特别指出的是，跑酷作为一项极限运动是存在危险的，初学者不要被电影或电视上那些耍帅、出风头的动作欺骗，几乎所有这些动作的完成，都需要大量的安全和保护措施。也有不少人在跑酷运动中发生事故，导致残疾甚至死亡。所以在没有掌握精湛的跑酷技巧时，不要轻易在户外尝试，因为一旦失误，后果不堪设想。

知识链接

电影《玩酷青春》是中国首部以跑酷为主题的电影。影片中聚集了一批热爱跑酷的“80后”和“90后”，讲述了一则青春冒险故事。中国顶尖跑酷团队“城市猴子”全力加盟该影片，让观众体验了跑酷运动的魅力，观赏性极强。

做一做 请观看跑酷运动相关视频，并指出其中的跑酷经典动作。

第4章

关怀备至——体育健康小贴士

什么是运动损伤

知识点

简而言之，运动损伤就是运动过程中发生的各种损伤，包括骨折、肌肉拉伤、挫伤、腰肌劳损等。

运动损伤部位与运动项目以及专项技术特点有关，损伤的主要原因往往是训练水平不够、动作不正确、身体素质差、缺乏自我保护能力，或教学、竞赛工作组织不当。运动损伤中，急性多于慢性，急性损伤治疗不当、不及时，或者还没有康复就参加训练，很有可能转化为慢性损伤。

一般来说，运动损伤多发生在专业运动员身上，但是一般人在运动中稍不注意，往往也会发生运动损伤。下面介绍几种常见的运动损伤以及防治办法。

韧带拉伤多半是因为准备活动不充分，训练水平不够，自身的柔韧性、协调性差等。此外，运动场地、教练专业水平等外因也会导致韧带拉伤发生。一旦发生韧带拉伤，则应该立即停止运动，马上采取

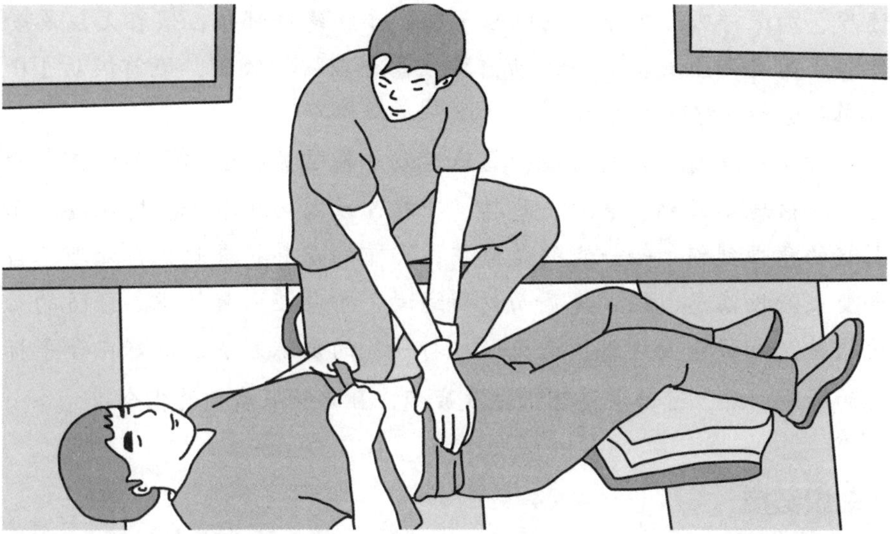

冷敷、包扎、抬高受伤部位等措施，还要配合按摩以及康复或恢复性锻炼。

关节扭伤是技术掌握不好、自身协调性差、关节周围肌肉力量小、运动疲劳、运动场地湿滑、器材使用不当、动作速度过快等原因导致的。针对关节扭伤，应该立即停止运动，进行冷敷、包扎，同时还要注意在恢复训练中循序渐进，不可急于求成。

重力休克多表现为头晕、眼发黑、脸苍白、手发凉、晕倒等症状。这往往是因为运动时血液集中供应下肢，突然停止运动导致静脉回流不够，脑缺血缺氧，从而产生脑贫血。出现重力休克多是在高强度运动后，这时应让患者平卧，脚垫高，头低于脚，然后沿小腿向大腿方向对患者进行按摩。

腿抽筋也是运动损伤常见症状之一。如果经常在冷的地方锻炼，喝冷饮料，运动之前又不做伸展运动和按摩，则很有可能出现腿抽筋现象。为了预防腿抽筋，应该注意选择良好的锻炼环境，准备活动也要做充分。

肺透气低，运动与呼吸不协调，运动前吃得过饱，饭后过早运动，空腹或喝水太多等都有可能导致运动中腹痛。出现腹痛最好减慢运动速度、加深呼吸、调整运动呼吸节奏、手按疼痛部位，实在无法忍受便停止运动马上就医。在运动前要注意合理安排饮食，饭前饭后1小时内不运动，空腹不运动。

青少年朋友喜爱打篮球，篮球运动中最常见的创伤是因跌倒、跳起抢球落地不正确、急停、急转、冲撞，或因场地不平、场地过滑而引起的急性创伤。轻一点的是擦伤，严重的是骨折或脱位，处理不当会变成慢性疾患，经常疼痛而妨碍运动，对此应引起注意。预防的必要措施是加强全面训练，避免“单打一”的训练方法，最好在合乎标准的场地训练，运动中要防止过度疲劳，且要听从裁判的指令。

知识链接

常见的止血法有冷敷法、抬高伤肢法、压迫法三种。冷敷法可以使血管收缩，减少局部充血，降低组织温度，抑制神经感觉，从而止血、止痛、减轻局部肿胀，常用于闭合性组织损伤；抬高伤肢法可使伤肢血压降低，血流量减少，以达到减少出血的目的；压迫法是指用手指直接敷上消毒纱巾按压出血部位，或用指腹按压出血动脉近心端搏动的血管处，如能压在相应的骨头上更好，以阻断血液，达到止血目的。

做一做 你和身边的朋友们在运动中有没有受过伤？如果有，那么请问：当时你们是怎么处理的？

运动后关于吃的那些事

知识点

运动时，人体血液供应以运动的肌肉组织为主，而消化系统只有维持正常工作的少量血液，消化液等分泌不足，从而导致食欲不振。

不少人在大量运动后，有肌肉发胀、关节酸痛和精神疲乏之感，为了尽快缓解疲劳，往往会跑去买一些食物来吃，其实这个时候人的食欲很差，而且这样做不但不能缓解疲劳和补充能量，反而会对身体有不良影响。

运动刚结束时，人的大脑皮层中的运动中枢和交感神经仍处在高度兴奋状态，情绪还很紧张，消化腺的分泌受到一定程度的抑制。如果这时马上吃东西，再好的饭菜也吃不下，因为此时食欲很差。简单来说，就是你的大脑在同一时间不能给身体发出两个指令，如果运动

后立即吃东西，那么食物不能很好地得到消化，久而久之，可能会引起消化不良。

通常来看，食物可分为酸性食物和碱性食物。判断食物的酸碱性，其实并非依靠人们的味觉，也不是根据食物溶于水中的化学性质，而是看食物进入人体后所生成的最终代谢物到底是酸性的还是碱性的。酸性食物通常含有丰富的蛋白质、脂肪和糖类，而碱性食物含有钾、钠、钙、镁等微量元素，在体内代谢后生成碱性物质，能阻止血液向酸性方面变化。然而，有趣的是，带酸味的水果一般都为碱性食物，而不是酸性食物；相反，像鸡肉、鱼肉、蛋类、糖等食物味虽不酸，但却是酸性食物。

在体育锻炼后，运动者感到肌肉、关节酸胀和精神疲乏，主要是因为体内的糖、脂肪和蛋白质被大量分解，在分解过程中，产生乳酸、磷酸等酸性物质。这些酸性物质刺激人体组织器官，使人感到肌肉、关节酸胀和精神疲乏。

此时，运动者结束剧烈运动后不能马上静止休息，而应该慢慢散步，等呼吸平稳后，可以吃一些蔬菜、柑橘和苹果之类的水果。因为它们是碱性食物，可以消除人体内过剩的酸，降低尿的酸度，增加尿酸的溶解度，还能减少酸在膀胱中形成结石的可能。

所以，人在体育锻炼后不能立即吃东西，更不能随便吃东西，应吃些富含碱性的食物，如水果、蔬菜和豆制品等，尽快消除运动带来的疲惫。

此外，运动后也不能吃大量冷食。运动刚刚结束时，由于体温升高，大量流汗，身体水分流失大。这时，很多人会为了一时痛快而大吃冷食。这样做首先会使肠胃血管突然收缩，供给肠胃的血液突然减少，致使消化受到阻碍。其次，消化液必须在一定的温度下才起作用，胃肠温度突然降低，消化液分解能力也随之下降，食物就难以消化，甚至会引起腹泻、腹痛等病症。

知识链接

饭后也不能立即进行体育运动，因为饭后肠胃的活动和消化腺的分泌加强，消化液分泌增多。如果在这时进行剧烈运动，大量血液就会流到骨骼肌，导致胃肠的血液供给量减少，引起消化不良。因此，饭后应稍事休息再做运动。

做一做 查阅资料，了解饭后多长时间之后可以进行体育锻炼以及运动后休息多久才能进食。

科学晨练有益健康

知识点 晨练，简言之就是早上起床后进行的体育锻炼，是比较常见的锻炼形式之一，有很好的强身健体之效。

一说到“晨练”，人们就会想到“一年之计在于春，一日之计在于晨”这句俗语。确实如此，科学晨练有强身健体的作用。一方面，它能改善神经系统功能，使大脑的兴奋与抑制过程合理交替，避免神经系统过度紧张，消除疲劳，使人头脑清醒、思维敏捷；另一方面，晨练还能改善运动系统功能，使肌肉组织的贮氧能力提高，改善肌肉组织的能量供应，使肌肉体积和力量增大、弹性提高，从而肌肉变得发达，结实有力。

除此以外，晨练还能改善骨骼的营养状况，增强物质代谢，提高呼吸系统的能力，在塑造优美体形、陶冶情操、培养坚忍不拔的品质等方面也很有帮助。

晨练有那么多的好处，但要科学晨练达到强身健体的目的，必须

坚持以下原则：

首先是渐进性原则。科学锻炼身体要按照人体对运动的适应性变化，有计划地增大运动负荷，而不是突然或急剧地增大运动量，这样不但不能增强体质，反而会对身体造成伤害。渐进性原则就是分阶段地调整运动负荷的锻炼原则。

其次是反复性原则。反复性原则是指运用各种手段锻炼身体的过程，具有多次重复的特性。因为在锻炼身体的过程中，只练习几次对人的作用不大，只有多次练习，才能对身体产生良好的作用。但并不是反复次数越多越好。反复性原则是指运动和休息相结合——既要有充分的运动，又要有适当的休息。青少年最好每日参加体育锻炼，切不可三天打鱼，两天晒网。

最后是个别性原则。个别性原则是指在晨练过程中，要根据个人的特点去安排锻炼的方法、内容和运动负荷。每个人的体质各不相同，只有针对各自的特点去锻炼才能有效果。要贯彻这一原则，前提是要对自身有一定了解。

值得注意的是，晨练并不是越早越好，特别是秋冬季节，天气转冷，晨练过早的话，人体很容易受寒冷空气刺激，从而发生心脑血管疾病。因此，对于时间自由度较大的锻炼者如退休老人，可将晨练安排在早晨七点到九点这个时间段；对于早晨时间紧张的上班族，则可在早晨六点到七点时进行适度锻炼。

晨练前不要吃得太饱，体质较差或患有疾病的人，可适当吃些东西，以预防低血糖的发生，如果吃得太饱再进行晨练则会影响消化。

晨练最好选择空气条件较好、开阔的地方，如河边、公园、广场、运动场等处，建议远离空气污染严重的马路边。

对于大多数人来说，晨练的目的只是为了强身健体，而不是参加竞技比赛。因此，晨练要把握“适度”原则，运动不要过于剧烈，时间不超过一小时，以身体微微出汗、发热为宜。

知识链接

老年高血压患者最好不要晨练。清早刚起床，人的体温普遍偏高，同时血压也会有所升高，所以如果在此时进行剧烈的运动，则很容易造成心脏负荷过重，使心脏出现暂时性的停搏。因此，建议此类人群最好在傍晚进行适当的体育锻炼。

做一做 请你坚持晨练，一学期后看看自己的身体素质有没有提高。

有备无患

知识点

体育运动前的准备活动是非常必要的，这是人体由安静状态向兴奋状态逐渐过渡的一个过程。

准备活动是运动前有意识、有目的的各种身体练习。它通过身体的活动来提升中枢神经系统的兴奋性，提高大脑皮层对运动的分析、判断的综合能力，克服内脏器官的生理惰性，缩短其进入工作状态时程，让运动系统和各种器官预热，使其达到最佳温度，预防运动创伤。

在未做准备活动之前，人的身体处于相对安静的状态，如果以这种状态投入比较激烈的体育运动中，则往往会出现身体各部位的不适应，如动作不协调、精力不集中，严重的会出现头晕、恶心、呕吐等。调查发现，准备活动不充分或不适当排在运动损伤原因的第三位。

准备活动可分为一般准备活动和专项准备活动。一般准备活动主

要是全身练习，身体的各部位都要照顾到，使运动系统和内脏器官充分活动起来。一般性准备活动通常有徒手操、跑步、踢腿、弯腰等，要求动作要规范，节奏感强，作用是提高身体的代谢水平和大脑皮层的兴奋状态。

专门性准备活动区别于一般性准备活动，针对性强，是与所参与的体育项目相适应的运动练习，如打篮球前先投篮、运球，跑步前先慢跑等。除非进行一些专门性运动和比赛，否则普通人体育运动前只需进行一般性准备活动，就可进行正式的体育活动。

准备活动的时间随体育锻炼的形式和运动量而定。由于以健身为目的的体育运动量较小，所以准备活动的量也相对较小，时间不宜过长，否则，还未进行体育锻炼，身体已出现疲劳状态，这样就本末倒置了。例如，对于半小时的体育锻炼，其准备活动的时间一般为 10 分钟左右。冬季时间应稍长些，约 15 分钟，夏季应稍短些，约 8 分钟。

一般来说，准备活动的量以活动后脉搏增加到每分钟 125 次，全身发暖，微微发热为宜。对于时间短、强度大的运动项目，准备活动强度也应相应增强，从而使运动器官和内脏器官达到相对高的机能水平，增加肌肉的伸展性、柔韧性和弹性，进而提高运动效率，减少运动损伤的发生。

准备活动的时间和运动量是决定运动负荷的一个重要因素。考虑到每个人的身体状况不一样，不能太教条，应视具体情况而定。

知识链接

冬季气温低，身体发僵，在这种情况下，青少年上体育课若没有做充分的准备活动，就有可能造成肌肉拉伤或关节损伤。因此，应做好准备活动，使浑身的肌肉、关节活动开，让体内器官，尤其是心脏进入适应运动的状态，血液循环和物质代谢得到改善。这样，开始活动时你便会觉得四肢有力，精神饱满，寒冷也不足为惧了。

做一做 在进行体育锻炼之前一定要记得做好准备活动。把你知道的关于准备活动的知识告诉伙伴们吧。

何为医疗体育

知识点

医疗体育，又称康复体育，是指患者为了配合治愈某些疾病而进行的身体康复性锻炼。

医疗体育的内容要根据疾病的性质而定，常见的有散步、慢跑、打太极拳、练气功、按摩、跳保健操等。医疗体育不仅可以治疗疾病，同时还能促进各种器脏机能的恢复，既对全身有积极影响，又对局部器官产生强有力的疗效。

我国是世界上应用医疗体育最早的国家，早在公元前700余年，古籍已有舞蹈、导引、按蹻治病的记载。中国医疗体育的特点是肢体活动与意识、呼吸、按摩等相结合进行。人们将以意识和呼吸锻炼为主的医疗体育方法称为“气功”，将以肢体运动为主的方法发展成八段锦和各种体操，将以按摩为主的方法发展成各种现代按摩和保健按摩

等。其他国家有关医疗体育的记载，最早见于古希腊。古印度的瑜伽术近年来也越来越多地应用在医疗体育方面。

人体缺乏运动就会降低大脑皮层的紧张度，引起相应调节功能的减弱，进而减弱诸如神经系统代谢活动等方面的功能。肥胖、高血压、神经衰弱等疾病的发生，就和运动不足有关。医疗体育就是通过适量的运动来提高大脑皮层的紧张度和功能，恢复人体内在平衡，提高防治疾病的能力。

病人如果不恰当地长期卧床，则会进一步使某些脏器功能减退，表现出呼吸浅、血流缓慢、心肺功能减退、胃肠蠕动乏力、消化功能减弱、代谢失调、植物神经功能紊乱等症状，不利于健康的恢复。医疗体育是用动静结合的治疗方法，既可调整，又能增强脏器功能，提高心脏输出量和肺通气量，增加吸氧量，改善消化功能，活跃代谢和免疫功能，增强体质，恢复健康。

某些伤病使人的一部分肢体的功能遭受严重损伤，严重的话甚至需要截肢。对此，医疗体育是一种最积极的治疗措施，可以最大限度地发展代偿功能，尽量恢复活动和劳动能力。而且，疾病和长期卧床常使病人情绪低落，精神抑郁，甚至悲观失望，对治病丧失信心，这类情绪会进一步削弱了机体的机能。医疗体育锻炼，可以帮助病人避免出现这类情绪，有助于治疗。

医疗体育运动包含的项目很多。有各种肢体和躯干运动、呼吸运动、放松运动、矫正运动、协调运动、平衡运动、牵伸练习、水中运动、拐杖练习、语言训练等，还有有氧训练法和健身活动，如慢跑、自行车、游泳、登山、跳绳、爬楼梯、各种球类运动等。此外，日光浴、空气浴、冷水浴也属于医疗体育的项目。

知识链接

日光浴指按照一定的方法使日光照射在人体上，引起一系列的生理、生化反应的锻炼方法。日光浴要防止过量暴晒，否则会导致日照灼伤，即所谓“晒伤”。

做一做 除了文章中提到的，你还知道哪些体育运动可以运用于医疗体育？请写下来。

运动后不宜立即洗澡

知识点

很多人都喜欢运动后立即洗个热水澡，他们认为这样既可去除身上的汗渍又可消除疲劳。事实刚好相反，运动后身体尚未恢复正常状态，不宜立即洗澡，尤其是洗热水澡。

医学研究表明，人在运动时，流向肌肉的血液增多，心率加快，当运动停止后，血液的流动和心率虽有所减缓，但仍会持续一段较长的时间才会渐渐趋于平稳，恢复到运动前的状态。

如果运动后立即去洗澡，则身体受到热水刺激后，血管扩张，流向肌肉和皮肤的血液进一步增加，会导致其他器官供血量不足，尤其是造成心脏和脑部等重要器官的供血不足。与此同时，运动后呼吸还未平稳，紧接着进浴室，在空气不流通的情况下，大脑很容易缺氧。这种情况下，常常会出现头晕眼花、全身无力等症状，严重的话还会引起血压下降、虚脱、休克、晕厥。因而，不要图一时痛快而忽略了健康。

当然，运动后洗澡对于大多数身体健康的年轻人来说，可能只会使他们感到有些头晕眼花，停止洗澡，休息一会儿就可以恢复。但对患有高血压或冠心病的人来说就很危险，一旦心脏和脑供血严重不足导致缺氧，就很可能使病情加重，增加诱发心脑血管系统疾病急性发作的可能。因此，老年人、身体肥胖者以及心脑血管病高发人群就更不能在运动后立即去洗热水澡了。

有些人喜欢在剧烈运动后下水游泳或洗冷水浴。这时，体表温度和水的温度悬殊，小腿遇冷水极易抽筋。另外，运动后特别不宜在浴盆中泡澡，更不宜蒸桑拿。因为泡澡时，人体下肢血管会进一步扩张，血液容易集中在身体下肢，导致大脑缺血。因此，运动完后，最好休息 5 ~ 10 分钟，待身上的热散发后，先用毛巾把汗擦干，再洗澡。

运动后洗澡最好选择温水淋浴，时间要短，以 5 ~ 10 分钟为宜。水温不要太高，控制在 36℃ ~ 39℃，体质较弱的人更应注意水温。另外，运动过后，肌肉容易产生乳酸，因此人会感到肌肉酸痛，这时最好做一些缓慢轻柔的伸展动作，以缓和乳酸的堆积，然后再去洗澡，这样有助于身体健康。

知识链接

腿抽筋其实就是肌肉痉挛。腿抽筋时往往伴随着强烈的疼痛，并且腿部蜷缩无法伸直。此时应该快速收缩脚掌，使脚趾朝向脚心弯曲，脚底板呈弧形，然后用手辅助腿伸直。如果你是坐着的，则可以用手按下膝盖使其伸直，坚持5秒钟即可。疼痛消失以后仍然坚持按压膝盖，然后缓慢地放松大腿。如果又感到疼痛，则再伸直腿。

做一做 大家在做体育运动之前要准备毛巾，便于运动后及时擦干汗水。

肌肉酸痛是好是坏

知识点

有人认为，运动后肌肉酸痛是好的现象，因为不酸不痛就说明运动没效果。其实这是一种误区。

许多健美运动员喜欢轻微的肌肉酸痛，并把它作为艰苦训练的标志，这是不科学的。要是继续坚持练习的话，酸痛会加剧，因为训练过度了。此时应该休息放松，给身体一个“喘息”的机会。

平时较少使用或训练的肌肉，在突然进行激烈或过度反复的高强度活动后，容易产生迟发性肌肉酸痛。预防的最佳方法是以渐进的方式进行肌肉活动，使肌肉能够负荷将进行的繁重的或多次反复的运动。如果肌肉酸痛严重的话，则应休息和进行热疗处理，如按摩和热敷，达到促进血液循环、疏通经络的效果，此时不宜再过度活动，否则会对肌肉产生更严重的伤害。

一般来说，运动引起的肌肉酸痛可以分为急性肌肉酸痛与慢性肌肉酸痛。急性肌肉酸痛有别于肌肉拉伤，它是指肌肉在运动中或运动刚结束后的一段相当短的时间内发生的疼痛。急性肌肉酸痛一般是因为肌肉暂时性的缺血。在缺血的情况下，代谢产物无法清除，堆积在肌肉中，进而刺激到痛觉感受器。急性肌肉酸痛一般只在肌肉进行激烈或长时间活动的情况下才会发生，在停止运动后的一分钟左右即完全消失；慢性肌肉酸痛往往发生在训练后的 24 ~ 48 小时，持续时间可长达 2 ~ 3 天。其酸痛的程度与肌肉收缩的形态有关，离心收缩最容易形成慢性肌肉酸痛，等张收缩在引起肌肉慢性酸痛方面最不显著。肌肉有慢性酸痛的情形出现时，肌力明显下降。

那么，如何避免运动中和运动后的肌肉酸痛呢？

首先，应该根据运动者的不同体质、不同健康状况科学地安排运动负荷。尽量避免长时间集中锻炼身体某一部位，以免局部肌肉负担过重。

其次，在准备活动中，注意充分活动在运动中将会负荷重的局部肌肉。在运动结束后，除进行一般性放松练习外，还应重视进行肌肉的伸展牵拉练习，这有助于预防局部肌纤维痉挛。

研究显示，维生素 C 参与肌肉组织的生物氧化过程，促进物质代谢，有助于加速受损组织的修复和缓解酸痛，对提高机体的运动能力有重要作用。因此经常锻炼的人可以口服维生素C，每日最少需服用的量是90毫克，运动量大的人日服用量可以超过2000毫克，分2次或3次摄入。维生素C的主要来源可以是柑橘类水果和果汁，也可以是青椒、红辣椒、水蜜桃和猕猴桃等水果。

同维生素C一样，维生素E也是一种抗氧化物，抵抗自由基对身体的副作用。实践和研究表明，运动之后服用维生素E有助于减轻肌肉酸痛。维生素E可以从坚果类、种子类、深绿色蔬菜、菜籽油、全谷类食物中获取。

知识链接

离心收缩是指肌肉在阻力下逐渐被拉长，向肌肉拉力相反的方向运动的收缩方式，是动力性收缩的一种。等张收缩时，肌肉的收缩只是长度的缩短而张力保持不变，这是在肌肉收缩时所承受的负荷小于肌肉收缩力的情况下产生的。

做一做 请查阅资料，还有哪些维生素有助于缓解肌肉酸痛？

情绪不好切忌盲目运动

知识点

当情绪不好、压力大的时候，有的人会选择参加强度较大的运动去释放情绪，缓解压力，但是效果往往会适得其反。

运动专家建议，人的情绪直接影响着身体的生理机能，而情绪的变化又产生于大脑，并扩散到全身，在心脏及其他器官上留下痕迹，这种痕迹将影响人体健康。因此，在心情不好、情绪不高的时候锻炼，一门心思想着发泄，而选择强度过大的运动项目，希望用透支体能和大汗淋漓来发泄不良情绪，反而会使得精神紧张、身体疲劳。

《黄帝内经》中说过“喜则气和志达，营卫通利”，意思是喜悦的情绪可以使人气血顺畅、精神愉悦。以一颗快乐的心去锻炼身体，让好的心情发挥引导作用，才会收到良好的锻炼效果。相反，当人心情不好或压力过大时，会出现心跳加快、血压上升等状况，此时运动会透支体能，有导致心脑血管疾病的危险。而且心情不好，情绪不对，想通过运动发泄，注意力没有集中在运动上，会增加运动的危险系数，有可能造成肌肉拉伤等运动损伤。

确实，适当的运动是调节情绪、缓解压力的好方法，因为运动本身可以促进人体的内分泌变化。人的心情的好坏，与大脑

分泌出的一种名为内啡肽的物质的多少有关，而运动可以刺激内啡肽的分泌，激发轻松愉悦的身心状态，使人有欢愉和满足感，甚至有助于排遣压力和不快，还可以强化免疫系统的功能，消除失眠症。所以，内啡肽也被称为“快乐激素”或者“年轻激素”。

但是，并非只要运动了就可以产生愉悦的效果。通常，像练瑜伽、跳健身操、跑步、登山、打羽毛球等运动，只有每天持续运动 30 分钟以上，才能刺激内啡肽的分泌。所以，长期坚持此类运动的人会在运动后感到心情舒畅。此外，做运动之前的热身环节非常重要，因为，当人心情不好、压力过大时，肌肉也会处于紧张状态，慢跑 5 分钟等热身准备运动可以缓解不必要的运动损伤。

因此，选择运动的方式来调整心情固然是件好事，但凡事要有度，如果一味地把运动当作一种发泄的手段，那么反而不利于身心健康。情绪不好时，可先参加一些缓和的、强度较小的运动，使心情先平静下来，再逐渐过渡到剧烈的、强度较大的运动。

知识链接

内啡肽又名安多芬或脑内啡，是脑下垂体分泌的一种类吗啡生物化学合成物激素。它能与吗啡受体结合，产生跟吗啡、鸦片剂一样的止痛效果和欣快感，可作为天然的镇痛剂。

做一做 建议大家在心情不好的时候到安静的地方闭目养神几分钟，深呼吸，以达到放松、减压的效果。

体育锻炼时呼吸也有门道

知识点

呼吸是机体与外界环境之间气体交换的过程，我们每时每刻都在呼吸。在体育锻炼时掌握正确的呼吸方法，可以有效地提高锻炼效果。

在运动中，许多人比较强调练习次数、练习强度、手脚动作等，却忽视了呼吸的形式和节奏。其实，合理的呼吸方式和节奏是掌握正确锻炼方法不可缺少的因素，因为合理地呼吸有利于保持体内环境的基本恒定，有利于充分发挥人体机能，有利于调节呼吸机能，从而提高锻炼效果。因此，在运动中掌握合理的呼吸方法，能增加肺通气量、减少氧债、加强代谢能力，推迟疲劳的出现。

对于运动者来说，掌握合理的呼吸方法应注意下面这些问题：

第一，人体在进行体育锻炼时，氧气的需求量明显增加，仅靠鼻子实现通气已不能满足身体的需要了。因此，人们常常采用口鼻同用的呼吸方法，即用鼻吸气，用口呼气。活动量较大时，可同时用口鼻吸气，口鼻呼气。这样，一方面可以减少肺通气阻力，增加通气；

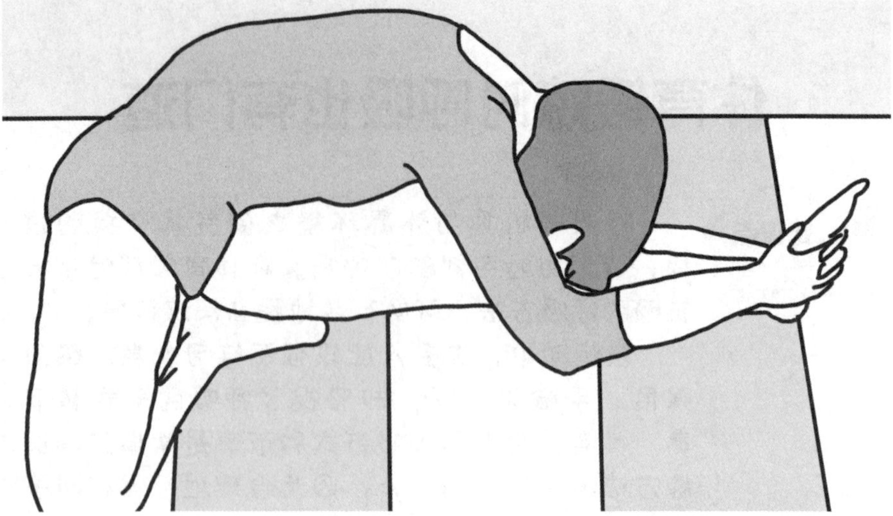

另一方面，可以通过口腔增加体内散热。有研究表明，采用口鼻呼吸方式可使人体的肺通气量比单纯用鼻呼吸增加一倍以上。但是要注意，在严寒的冬天进行体育锻炼时，张口不要过大，以免冷空气直接刺激口腔黏膜和呼吸道而产生各种疾病。

第二，人体在刚开始进行体育活动时，常常觉得虽然呼吸频率很快，但仍有一种呼不出、吸不足、胸闷、呼吸困难的感觉。这主要是由于呼吸频率过快，造成呼吸深度明显下降，使肺实际进行的气体交换的量减少，肺换气效率下降。所以，进行体育锻炼时要有意识地控制呼吸频率。呼吸频率最好每分钟不要超过30次，同时加大呼吸深度，使进入肺内进行有效气体交换的量增加。过快的呼吸频率还会因为呼吸肌的疲劳造成全身性的疲劳反应，影响锻炼效果。

第三，不同的体育锻炼方式对人体的呼吸形式有不同的要求。人体的呼吸形式可分为胸式呼吸、腹式呼吸和胸腹式混合呼吸。在运动中，呼吸的形式、速率、深度以及节奏等，必须随运动技术进行自如的调整，这不仅能保证动作质量，还能延缓疲劳。

例如，在跑步时，应采用富有节奏的、混合型的呼吸，每跑2个或3个单步一吸、2个或3个单步一呼。在其他的运动中，应根据关节的运动学特征调节呼吸。在完成前臂前屈、外展等运动时，进行吸气比较有利；在进行屈体等运动时，呼气效果更好；在进行气功练习时，采用以膈肌收缩为主的呼吸方式，效果较好；在进行太极拳、健美操等运动时，呼吸的节奏和方式应与动作的结构和节奏相协调。

总而言之，大家在进行体育锻炼时，切勿忽视呼吸的作用。掌握合理的呼吸方法，则锻炼起来事半功倍。

知识链接

呼吸道疾病包括上、下呼吸道急、慢性炎症，呼吸道变态反应性疾病，包括呼吸道感染。呼吸道感染分为上呼吸道感染与下呼吸道感染，治疗时必须明确引起感染的病原体以选择有效的抗生素。

做一做 试着去感受胸式呼吸、腹式呼吸和胸腹式混合呼吸有什么不同。

如何克服运动惰性

知识点

惰性是指主观原因导致无法按照既定目标行动的一种心理状态，在体育锻炼中也常常出现惰性心理。

体育运动需要持之以恒，并不是锻炼一次两次就可以产生立竿见影的效果。许多人在参加体育锻炼一段时间以后，没有看到运动后的效果，于是对运动的价值产生怀疑，开始寻找借口减少运动量，甚至停止锻炼。有人对100名健身房的运动者做了个调查，只有约40%的人能够熬过最初几个月而坚持下来。

大多数人产生惰性的原因是让人难以忍受的运动枯燥感。运动枯燥感的产生有两方面原因：从项目上说，封闭型的运动项目，比如慢跑、健走等项目因为没有竞争性，缺乏与同伴的合作，容易使人感到枯燥；其次，有些人健身的目的是强健肌肉、减肥、锻炼心血管机能

等，而不是对运动本身发生兴趣。这会使人的注意力过分集中在跑了多少米、举了多少次杠铃等任务上，从而忽略了身体机能的变化。而锻炼要出效果是有时间要求的，一般至少要在半个月后。在这一时期内，如果人们的疲劳积累到最高值，再加上期望值过高，心理调节跟不上，有了落差，他们就容易产生运动枯燥感。

如何避免运动惰性的出现呢？

一是要树立锻炼动机，确定一个目标。对于不是对运动本身感兴趣的人来说，就要设置阶段性目标和最终目标，使健身的成就感逐渐累积。例如跑步，要仔细规划、执行，落实到这个月跑多少圈、三个月后跑多少圈。

二是给自己找个搭档，和训练搭档一起去锻炼。这是克服惰性的最佳方法之一，因为一个人单独练习时，可能会很轻易地决定放弃某次训练，但是和训练搭档一起训练时，就会互相监督，互相见证，双方之间形成一种良性竞争，让运动过程变得有趣而安全。

三是在运动过程中可以听听音乐。不管什么音乐，只要能够保持训练激情就行。一边听音乐一边运动会让人感觉更舒适，甚至会发现自己的负重和重复次数居然增加了，或者在跑步机上锻炼的时间也延长了。

四是坚持写“训练日记”，通过这种方式来监控自己的锻炼进程，将目标和当天完成的任务记录下来，并写下训练的体会，这样能够强化自己运动的意志。

当然，即使是自己喜欢的运动，它也不会永远那么有趣，就好像每天都吃一样的东西，吃久了就会感到厌倦。如果长期采用一成不变的训练程序，难免会出现懒惰情绪。建议每隔几个月就改变一下训练计划，一旦出现了运动“瓶颈期”，就应及时作出改变。这种改变并不是说要将以前的运动计划完全推翻，譬如可以改变动作的先后顺序，也可以在一天的不同时间进行运动，尽量保持锻炼的积极性，从而克服运动惰性。

知识链接

竞争是指个人或者团体为了达到某种目标，努力争取其需求的行为。竞争必须发生在两个或两个以上的个人或团体之间。竞争有良性和恶性之分。良性竞争指遵守竞争规则，在竞争中能够促使各方良性发展的竞争，反之则为恶性竞争。

做一做 你认为还有哪些克服运动惰性的方法？请把你想到的写下来。

第5章

津津乐道——奥运也“疯狂”

不把冠军当冠军

知识点

第一届现代奥运会于1896年4月6日在希腊雅典开幕，美国的詹姆斯·康诺利成为现代奥运会的第一枚金牌得主，他的夺冠项目是三级跳远。

当时的康诺利只是哈佛大学古代语言专业的一名学生。从小家境不富裕的他没有什么玩具可玩，和兄弟姐妹互相追逐、捉迷藏成了他小时候最大的乐趣，也许正是这简单的运动方式激发了康诺利的运动天赋。

第一届奥运会即将举行时，詹姆斯·康诺利还是哈佛大学的一名学生。他得到消息后，马上决定参加比赛，但哈佛校方认为他去参加漫长的奥运会会影响正常的学习，坚决不同意其参赛。如果康诺利一意孤行参加奥运会的话，学校就将其除名。面对学校“除名”的压力，在经过一番激烈的思想斗争之后，康诺利最终选择了自己喜爱的比赛，毅然决定前往雅典，并靠兼职卖蛋糕筹齐了路费。

当年的奥运会三级跳远比赛，共有5个国家7名运动员参加角逐，

血气方刚的康诺利以 13.71 米的成绩位列第一。比赛过程中，康诺利曾脱下身上的红色毛衣，并连续做两次摆腿动作，这些做法一度引起争议。人们在重新研究规则后，认定其并未违规。当时由于没有金牌，给第一名授予的奖励是“月桂冠”和一个象征和平的橄榄枝环。由康诺利开始，第一名被称为“冠军”即是从月桂冠的“冠”而来。他也因此成为现代奥利匹克运动会的第一位冠军。

康诺利载誉回到母校后，当时的哈佛大学并没有意识到奥运会冠军的含金量。学校以“破坏校规”为名，开除了他的学籍。

四年后，坚强的康诺利再次远渡重洋来到法国巴黎，参加了旷日持久、堪称“马拉松”式的第二届奥运会，并以 13.97 米的成绩，获得了三级跳远的银牌。

不过，作为奥运会第一个冠军，除了母校不把冠军当回事之外，他自己也不是很重视。参加了两届奥运会之后，康诺利并没有继续从事体育行业，而是进行古代语言文字方面的研究，最终成为颇有名气的记者和作家，发表过 25 部长篇小说和 200 多篇短篇小说，用文学作品激励一代又一代美国人去实现“美国梦”。康诺利还同他的校友、美国第 32 届总统罗斯福成为挚友，总统先生对康诺利的著作评价极高。

半个世纪之后，奥运会的影响力与日俱增，奥运冠军常常得到英雄般的崇拜，哈佛大学终于意识到了过去的失误。1949 年，哈佛大学找到康诺利，授予这位因被除名而没有从哈佛毕业的校友名誉博士学位，以表彰他对现代奥林匹克运动所作出的卓越贡献。而这一年，康诺利已有八十多岁了。

知识链接

第二届现代奥运会于1900年在法国巴黎举行，当届奥运会在比赛日程安排上拖沓松散。比如：击剑赛安排在6月，田径体操赛在7月，游泳、赛艇在8月，自行车赛在9月，等等；比赛场地也很分散，大会组织者竟将比赛项目按博览会工业类别分在16个区域进行。例如：击剑被安排在刀剑制造工业区，划船安排在救生系统展览区等。事实上，奥运会变成了博览会的一部分，成了博览会招揽观众的体育表演。有的项目比赛完了，个别选手甚至不知自己参加的是奥运会比赛。当届奥运会从5月20日开始到10月28日结束，历时5个多月，堪称一次“马拉松”式的运动会。

做一做 查一查，看看还有哪几届奥运会历时较长。

依葫芦画瓢

知识点

铁饼比赛是古代奥运会的标志性运动。1896年，在雅典举行的第一届奥运会上，美国田径运动员罗伯特·加勒特获得了铁饼冠军。

加勒特是现代奥运会第一个铁饼冠军的获得者，同时他还在该届奥运会上获得铅球冠军、跳远亚军和跳高季军，这本身就是一个奇迹，然而，还有更奇怪的事情——加勒特在参加奥运会之前根本没见过铁饼。

1896年，第一届奥运会将在雅典举行的消息传到了美国。那时的美国还没有奥林匹克委员会这种专门机构，于是运动员们一致商定自己掏腰包去欧洲参加这次世界性的体育盛会，作为美国普林斯顿大学的学生和田径队队长的加勒特也不例外。

加勒特从小就酷爱艺术，也喜爱体育，对意大利文艺复兴时期的不朽作品《掷铁饼者》佩服得五体投地。当他得知奥运会有铁饼这个项目时，臂力惊人的他对此产生了浓厚的兴趣。但是，美国当时还没有开展这个项目，加勒特对于铁饼的掷法一无所知。他曾四处打听哪里有铁饼和掷铁饼的方法，结果一切都是徒劳。

最后他只得请人按《掷铁饼者》雕塑里铁饼的模样仿造出一个铁饼，并模拟塑像的姿势依葫芦画瓢地进行训练。可是当发现仿造的铁饼非常笨重且难以投掷时，他决定打消参加铁饼比赛的念头。

第一届奥运会开始以后，加勒特作为美国代表团的一员，准备参加铅球、跳高、跳远项目的比赛。铅球比赛的前一天是掷铁饼比赛，这天一名希腊选手把铁饼掷到了 29 米的地方，全场观众高声庆贺，认为希腊选手胜券在握。可是，在场观战的罗伯特·加勒特发现真正的铁饼跟他定制的铁饼大不一样，是木头做的，只在周围才镶有一道铁圈，它既轻巧又方便，于是加勒特当场报名参战。因规则允许，这位从未见过标准铁饼是什么样的美国人上场了。比赛时，加勒特模仿希腊人的投掷动作，投了两次，找到了感觉，第三次试投时，他右臂后伸，然后用力一挥，铁饼飞到了 29.15 米以外，比希腊选手的最佳成绩远了 15 厘米，从希腊人手中抢走了冠军。场上的教练员和运动员都目瞪口呆，现场观众无不为这位神奇的美国选手欢呼鼓掌，连素有掷铁饼传统的希腊运动员也连连自叹不如。之后，加勒特还在铅球比赛中夺得冠军，并在跳远和跳高项目上分别获得亚军和季军，成为首届奥运会获奖牌最多的田径选手。

常言道，“台上一分钟，台下十年功”。然而加勒特仅仅通过依葫芦画瓢的练习就获得了奥运铁饼比赛的冠军，确实有些不可思议。不过，从另一个角度看，加勒特在铅球、跳高、跳远三个项目中都能获得好成绩，可见其运动底子是相当扎实的。

知识链接

掷铁饼起源于公元前12世纪至公元前8世纪古希腊人投掷石片的活动。铁饼最初为盘形石块，后逐渐采用铜、铁等金属制作。现代奥运会史上，掷铁饼技术经历过原地投、侧向原地投、侧向旋转投、背向旋转投等几个发展过程。

做一做 请观看一场奥运会铁饼项目比赛，将你了解到的关于铁饼比赛的知识写下来。

奇怪的起跑姿势

知识点

现代田径比赛中，运动员参加400米或400米以下的径赛项目时，都采取“蹲踞式”起跑的姿势。

第一届现代奥运会上，美国选手托马斯·伯克采用“蹲踞式”起跑姿势获得了100米冠军。在当时的首届奥运会，100米跑还没有统一的起跑姿势，运动员有的站着，有的双手叉腰，有的弯着腰，千姿百态，花样很多。

第一届现代奥运会上，有5名选手站在了100米决赛的起跑线上。当时场上的分道线是用长绳子隔开的，高出地面约半米，运动员互不干扰。选手们大都穿着超过膝盖的裤子和半袖衬衫，脚穿沉重的皮鞋上阵，起跑的姿势更是千奇百怪。第一道是美国的雷恩，半蹲，双手交叉；第二道是匈牙利的谢克利，侧身半蹲，双手摊开；第三道是德国的霍夫曼，两手各持触地的木棍半蹲；第四道是美国的托马斯·伯

克，俯下身体，在地上挖了两个坑，手掌触地，脚一前一后紧紧反撑在地上，臀部抬起，动作最接近现代短跑的起跑姿势；第五道是希腊高个子卡库康尼迪里斯，几乎直立。

现场的观众对这些千奇百怪的起跑姿势议论纷纷，特别是伯克的起跑姿势被认为最好笑，甚至有些“滑稽”，因此场上响起一片哄笑声。更有意思的是，其他运动员穿的衣裤都比较保守，而伯克却身穿背心和裤衩，使观看比赛的女性掩面不敢正视。

尽管到处是好奇和哄笑，但伯克对此置若罔闻。比赛指令一响，他箭一般地冲了出去，并一路领先。最后，他以12秒的成绩获得100米冠军，又以54.2秒的成绩获得400米冠军。从此，“蹲踞式”起跑姿势开始在全世界推广，并风靡全球。

有人可能会认为，“蹲踞式”起跑姿势就是托马斯·伯克发明的，事实上并不是。大约在1887年，美国著名田径教练玛尔菲观察到袋鼠在快速跳跃奔跑之前先将后腿弯曲并把身体俯得很低，然后像闪电般地向前一蹿，时速高达70千米。于是，他从中受到启发，发明了“袋鼠式”即“蹲踞式”起跑姿势，并让他的学生沙里在一次田径比赛中试用。可惜的是，由于“蹲踞式”起跑姿势在当时的人们看来动作滑稽可笑，所以这项最新、最科学的起跑技术饱受冷嘲热讽，以致未能推广开来。

10年后，美国运动员托马斯·伯克抛弃了“世俗观念”而采用这种起跑姿势，获得了奥运冠军，将“蹲踞式”起跑姿势永远地发扬光大。

知识链接

现代蹲踞式起跑包括“各就位”“预备”“鸣枪”三个环节。听到“各就位”，运动员走或跑到起跑器前，屈体，两手撑地，有力腿在前，两脚依次蹬在起跑器的抵足板上。听到“预备”口令后，运动员从容而平稳地抬起臀部，身体重心同时前移，形成臀部高于肩、肩超过起跑线的身体姿势。听到枪声或“跑”的口令后，两手迅速推离地面，两臂屈肘做有力的前后摆动，同时两腿迅速蹬起跑器，后腿蹬离起跑器后，以膝领先向前摆出，而前腿要快速有力地蹬伸髋、膝、踝三关节，把身体向前上方有力地送出。

做一做

约上伙伴们到操场练习蹲踞式起跑，看看谁的动作标准。

“神行太保”

知识点

“神行太保”是《水浒》中塑造的善走人物戴宗的绰号，现在用来形容赶路迅捷的人。

周余愚，原名周钦良，是我国早期体育家、著名竞走运动员。1927年，年仅19岁的周钦良在上海滩的万国竞走锦标赛中夺得个人冠军。也就是在这一年，他将自己的名字改为周余愚。他解释道：“余即我，愚则愚公。”同时，他还当众立志：“余愚立下移山志，苦练十年进奥运。”

此后的四年时间里，周余愚和队友们一直垄断着万国竞走锦标赛的团体和个人双料冠军，名震全国，成为家喻户晓的“神行太保”。

其实周余愚并不是专业的竞走运动员，他的竞走技术是通过观摩职业运动员的动作，偷师学来的。周余愚出生于上海的书香门第，从小十分喜爱体育运动，每当举办“万国竞走锦标赛”时，他总要赶到会场，偷偷地记住外国人的“一招一式”，然后自己发奋练习。

上海于1914年开始举办“万国竞走锦标赛”，但是直到1923年中国运动员才陆续得以参加。1928年那届比赛，周余愚不负众望，终于从外国人的世袭领地里，首次夺

得冠军奖杯，并在此后的四年里与队友垄断了该比赛的团体和个人双料冠军。

1936年6月，中国代表团出征柏林奥运会前，周余愚因成绩突出，作为69名运动员中唯一保送入选的运动员，他与中国代表团的队友一起，乘坐意大利的邮轮“康德浮台号”离开上海前往意大利，然后再转火车抵达奥运会的举办地德国柏林。

在柏林奥运会的练习场上训练时，美国黑人运动员欧文斯主动走到周余愚的面前问：“你是日本人吗？”“我叫周余愚，是中国人。”一

口流利的英语和掷地有声的回答让欧文斯惊讶万分。听说周余愚参加的是50公里的竞走，参加100米短跑比赛的欧文斯风趣地将两人比喻为“最长与最短的有趣组合”。

虽然奥运会在柏林举行，但当时德国的国家元首希特勒看不起其他人种。谈及希特勒推行的种族歧视政策，两位朋友惺惺相惜，欧文斯鼓励周余愚说：“我们都是有色人种，一定要在赛场上还击希特勒。”

在此后的比赛中，欧文斯一举囊括4枚田径奖牌并刷新3项世界纪录。但是由于中国运动员们20多天在大海上航行，到柏林后体力消

耗过多，所以整个中国队的成绩并不理想。周余愚在50公里竞走比赛中名列第21位，虽然没能在正式比赛中获得理想的成绩，但他高速并且优雅的行走姿态独一无二。组委会经慎重研究，给周余愚颁发了一个特别的奖项———姿势优美奖。欧文斯也替朋友高兴，他飞奔向周余愚，一把搂住了他，“咔嚓”一声，相片定格了这永恒的友谊。这张珍贵的合影真正彰显了“体育无国界，友谊永相存”的奥运精神。

知识链接

阿道夫·希特勒，奥地利裔德国籍政治人物，德意志第三帝国元首兼帝国总理，德国武装力量最高统帅。纳粹主义、第二次世界大战、种族大屠杀的核心人物。他的纳粹主义曾在德意志刮起了一阵种族主义的狂飙，给世界人民带来了深重灾难。

做一做 请你找一找，还有哪些反映运动员们之间的跨国友谊的事例？

满分的意外情况

知识点

在1976年7月18日之前，还没有运动员在奥运会体操项目中获得过满分，但14岁的罗马尼亚女子体操运动员科马内奇却在这一天赢得了满分。

纳迪亚·科马内奇是世界体操史上最耀眼的明星之一，她在1976年蒙特利尔奥运会上的神奇表演让世人惊艳。当时，她在女子体操比赛中获得了个人全能、高低杠和平衡木的三项冠军。在高低杠比赛中，她以完美无瑕的动作，征服了在场的观众和评委，奇迹般地获得了世界体操史上第一个满分——10分，甚至导致现场的电子记分器失灵了。

在蒙特利尔奥运会上，科马内奇以令人眼花缭乱的难、新、险的动作向世人展现了她的精彩之处。在高低杠的比赛中，科马内奇犹如一只灵巧的燕子，忽而登上藤萝密布的树梢，忽而又跳进波涛翻滚的大海。全场观众仿佛身临其境，目不转睛地看着她那神奇的表演，大家惊呆了。当她从杠上飞落而下，纹丝不动地站在裁判员面前时，整个大厅立即“爆炸”了，两万多名观众疯狂地吹着口哨，挥舞着手帕，欢呼、喝彩，等待着好成绩的出现。

当时，蒙特利

尔奥运会主办方首次使用计算机计分，并在比赛前夸耀这是完美无瑕的计算机系统。结果，这时的电子记分器亮了“1.00”。什么？裁判员疯了吗？1分！观众惊愕了。经过检查后才发现，这不是裁判员的错，裁判员打的是满分10分。而在这之前，体操比赛中从未出现过10分，也没有为计算机准备输入满分的程序。原先认为9.9分就够了，当科马内奇的10分出现后，组委会不得不临时改装了电子记分牌。科马内奇创造的空前奇迹竟导致电子仪器失灵，打成了“1.00”，与观众开了一个小小的玩笑。

然而，奇迹没有停止，在随后的比赛中，科马内奇接连不断地创造了奇迹。在这届奥运会中，她在高低杠、平衡木以及个人全能比赛中，连获了7个满分，最终她获得了5枚奖牌。这一成绩直接使得罗马尼亚代表队的团体总分首次进入前6名。

科马内奇的一系列满分，在世界体育界引起了轰动，成为国际体操史上令人难以置信的奇迹。人们称科马内奇为“蒙特利尔仙女”“奥林匹克公主”。蒙特利尔奥运会的组织者将开幕式火炬赠予了她，因为他们认为，如果没有科马内奇，就不会有这届奥运会的辉煌成就。

科马内奇在一届奥运会获得7个满分的表现前无古人，恐怕也将后无来者。因为如今体操比赛的参赛年龄已要求至少16岁，而她当时的获奖年龄也成了一个特殊的无人能打破的记录。

知识链接

2012年伦敦奥运会体操项目参赛资格要求：1. 各国家（地区）奥委会最多10名运动员（5男，5女）；2. 所有选手必须遵守奥林匹克宪章的现行规定；3. 团体：各国家（地区）奥委会，只有参加了2011年世锦赛或者2012年奥运资格赛的团体项目，方可竞争奥运会团体赛参赛名额；4. 个人：所有选手必须参加2011年世锦赛或者2012年奥运资格赛。所有选手必须达到国际体操联合会的最低技术标准要求。参赛选手必须出生于1996年及以前。

做一做 一名专业的体操运动员的运动生涯是多少年？请上网查一查。

冠军不问出处

知识点

现代奥运史上第一个马拉松冠军是希腊人斯皮里东·鲁伊斯。然而，在1896年希腊雅典奥运会举行之前，他还只是一个默默无闻的牧羊人。

马拉松比赛起源于一个古希腊传说：公元前490年，雅典人在马拉松海边的一场战役中大胜波斯人。为了向雅典人民传递这个胜利的喜讯，一位叫菲迪皮茨的士兵从马拉松跑到雅典，在奔跑了约40公里后力竭而死。后来为了纪念他的壮举，第一届雅典奥林匹克运动会增设了马拉松项目。

第一届现代奥运会马拉松赛前，希腊还没有获得一枚金牌。于是，希腊人寄希望于24岁的斯皮里东·鲁伊斯。1873年1月12日，鲁伊斯生于雅典附近的山区马洛斯，他自幼家境贫寒，曾是个牧羊人。首届现代奥运会那年，他是个乡间邮递员，没有教练，也没有专供训练的场地，由于送信需要常年奔跑，所以他练就了长距离奔跑的本领。

比赛时，鲁伊斯穿着乡亲们捐送的鞋，与其他16名选手一起开始了马拉松比赛。鲁伊斯是所有人中唯一的一名希腊选手。他比赛时沉着而自信，途中还偶尔呷一口希腊葡萄酒，酒精含量在12%以上。原来，马拉松比赛是在骑警的护送下开赛的。道路上都是土，选手们“吃”了很多灰尘，热情好客的希腊妇女就给选

手们递上希腊葡萄酒。运动员边跑边喝葡萄酒，成了当时的一道风景线，但是很多选手就这样跑“醉”了，退出了比赛。

在比赛中，鲁伊斯在开始阶段一直处于劣势，在距离帕纳辛奈克斯体育场还有4公里的时候，他才开始领先。当身穿浅蓝背心的鲁伊斯第一个冲进帕纳辛奈克斯体育场时，全场10万名观众为他鼓掌喝彩，激动的希腊王储陪他跑完了最后一圈。最后他以2小时58分50秒的成绩获胜，比第二名快了7分13秒，成为世界上第一个马拉松长跑冠军。

当时的希腊国王乔治一世也站在终点迎接他，就像迎接凯旋的英雄一样。这时运动场外响起了礼炮声，运动场内爆发出狂热的欢呼声，人们把冠军抛向空中，观众把黄金首饰、大把大把的钱币塞到他的手里。王储康斯坦丁和他的兄弟把冠军迎到国王席上，国王再次拥抱了鲁伊斯，他是第一个受到最高礼遇的现代奥运选手。

人们不断地向鲁伊斯赠送手表、珠宝、缝纫机、美酒等礼品，以表达对他的崇高敬意，还有人要为他终生免费理发、免费做衣服、免费提供饮食，等等。不过扑面而来的荣誉和金钱并未使憨厚的鲁伊斯骄傲，他说道：“我所做的，既不是为了荣誉，也不是为了金钱，而是为了希腊——我的祖国。”最后，鲁伊斯只从礼物中挑选了一匹马和一驾马车，继续回到家乡过着简朴的乡村生活。1940年鲁伊斯去世后，为了表彰他的功绩，政府在其墓前树立了大理石碑，并在上面刻了奥运五环标志以表纪念。

鲁伊斯的故事也告诉了我们一个道理——功夫不负有心人，只要在平时多累积知识和本领，在关键的时刻定能大有作为。

知识链接

希腊位于欧洲东南部巴尔干半岛南端，被誉为西方文明的发源地，拥有悠久的历史，创造了灿烂的古代文化，在音乐、数学、哲学、文学、建筑、雕刻等方面都取得过巨大成就，并对世界历史发展有过重大影响。

做一做 想想，还有哪些运动员虽出身贫寒，但却通过自身努力取得了好的成绩？

创意无处不在

知识点

理查德·福斯贝里，美国著名男子跳高运动员，是“背越式”跳高技术的发明者。现代奥运会中被称为“福斯贝里式”的跳高技术后来改称为“背越式”跳高技术。

在1968年以前，跳高有两种形式，即俯卧式跳高和跨越式跳高，这是当时人们认为最合理的跳高方式。理查德·福斯贝里用“背越式”使跳高技术发生了一次重大改革，为跳高运动开辟出一条新道路。但在当时，凡是第一次看到背越式跳高的人，没有人不觉得它滑稽可笑。

年轻时的福斯贝里一直希望成为世界上跳得最高的人。那时全世界跳高流行的姿势是“俯卧式”，他也沿用此方式练习了很长一段时间。但是爱动脑筋的福斯贝里发现，用这种姿势跳高并不能把腰腿的力量全部用上，于是他便开始钻研跳高姿势。有一天，他突然获得了灵感：如果能简单地平放身体过杆，可能效果更佳。经过一番琢磨，他想到了一个方案：跑弧线接近横杆，转身单腿起跳后背对横杆，头部、上体、臀部、脚依次过杆，用肩背部落地。福斯贝里最早采用这种姿势时，人们都感到滑稽可笑，但他不在乎别人的眼光，坚持采用“背越式”技术参加跳高比赛。

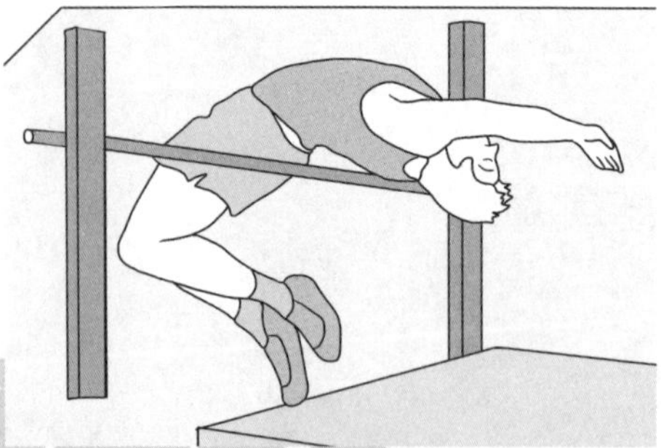

1965年，18岁的福斯贝里用这种独特的“背越式”跳高技术越过了2米的高度，使人们看到这种新姿势的生命力。1967

年，福斯贝里的“背越式”技术更趋完善，超过了2.13米的高度，福斯贝里因此进入了世界优秀运动员的行列。1968年在墨西哥城奥运会上，他以2.24米的成绩获得冠军，并打破了奥运会纪录。自此，全世界的电视观众都被他舒展而优美的姿势征服了，这是跳高史上的一次技术革命。

自从福斯贝里以“背越式”技术获得奥运会冠军后，世界上许多优秀选手都采用了这一技术，并获得了巨大成功。福斯贝里创造的“背越式”技术的优点在于动作简单、自然、容易掌握，能最大限度地发挥运动员的实力。

进入20世纪80年代后，风靡一时的“俯卧式”技术几乎被“背越式”技术所取代。1987年国际田联庆祝成立75周年时，将福斯贝里在1968年用全新的“背越式”跳高技术获得奥运会金牌的时刻，评选为世界田坛75年中的“100个金色时刻”之一。

福斯贝里的成功告诉我们，机会只留给有准备的人，成功青睐于新颖的创意，只要能抓住创意思维这根神奇的缰绳，并为之付出努力，成功就能指日可待。

知识链接

第19届夏季奥林匹克运动会选择了墨西哥城作为主办城市。这件事颇受争议，因为墨西哥城海拔高达2300米，空气含氧量比正常地区少30%，高原气候对于参赛运动员是极大的挑战。当会址最后确定下来后，各参赛国立即寻找高原地区进行适应性训练。

做一做 在体育史上，你还知道哪些富有创意的事例？

无心插柳成冠军

知识点

约翰·博兰，爱尔兰人，第一届现代奥运会网球冠军。参赛时他还只是个学生，就读于牛津基督学院，成为奥运冠军只是一个无心插柳之举。

作为一名学生，博兰醉心于研究古希腊神话、文明和历史，他感兴趣的是宙斯、赫尔墨斯、雅典娜这些古希腊神话人物。顾拜旦关于复兴古代奥运会的设想和计划一提出，就立即引起了博兰的关注。博兰邀请希腊朋友玛那欧斯在牛津联合会上作了题为《复兴希腊奥运会》的演讲。激动人心的演讲之后，博兰下定决心在复活节假期前往希腊的首都雅典去见证第一届现代奥运会这一历史性盛会。

原本博兰只是以一个奥运观光者的身份来到雅典的，但在现场看到奥运会网球比赛，作为网球爱好者的他不禁技痒，于是当场报名。在第一届现代奥运会上，临时报名是被允许的。

网球比赛虽然在第一届奥运会就被列为正式比赛项目，但是当时的网球运动并不十分普及，专业选手水平不是很高。首届奥运会网球比赛在雅典丘比特神庙的柱子附近举行，现场没有人山人海的观众，没有势大力沉的发球，气氛轻松而愉快。

没有任何准备，穿着皮鞋，挥舞着借来的球拍，博兰带着轻松的心态上场了。没想到他

一路过关斩将，并在决赛中战胜了埃及人卡斯达格利斯，成为首届奥运会的首位网球比赛冠军。

当时，有一名田径选手叫特劳恩。他来自德国德累斯顿高等工业学校，也是一位网球爱好者。特劳恩参加田径比赛，却在预赛中就惨遭淘汰。他在雅典偶然结识了博兰。博兰在网球单打比赛结束后，又兴致勃勃地邀请特劳恩参加双打，结果两人获得了双打比赛冠军。

博兰只是临时决定在网球比赛中试试身手，结果一不留神就获得了冠军，被写进了历史，真可谓“无心插柳柳成荫”。

知识链接

第一届现代奥运会于1896年4月6日至4月15日在希腊雅典举行，共有13个代表团参加。用今天的标准来看，首届现代奥运会是很不正规的。当时的运动员共有311人，没有女运动员。东道主希腊代表团最为庞大，有230人，占全部选手的三分之二还多。当时的英国队是由一名澳大利亚人、一名爱尔兰人、四名来雅典的伦敦游客和两名英国驻雅典大使馆的职员拼凑成的。当时还设有裁判委员会，由匈牙利、德国、法国、英国和希腊各一人组成。有趣的是，英国人查尔斯·佩里是这届奥运会上唯一的计时员，同时他还是雅典运动场跑道的建造者和匈牙利奥林匹克代表队的教练。

做一做 你会打网球吗？请找出网球拍到球场练一练吧。

乐极生悲丢金牌

知识点

维·伊万诺夫，苏联运动员。1956年，他在第十六届墨尔本奥运会男子单人双桨无舵艇的决赛中夺得金牌，但因为得奖过于兴奋而把金牌弄丢了。

1956年，第十六届奥运会正在澳大利亚墨尔本如火如荼地进行着，这是青年运动员维·伊万诺夫首次参加这一世界性的体育盛会，显得异常兴奋。状态良好的他在男子赛艇单人双桨无舵艇的决赛中，以8分2秒5的成绩夺得该项目的金牌，也是他个人的第一枚奥运金牌。

走下领奖台后，他情不自禁地把手中的金牌抛向了空中，以表达内心的激动。而此时，赛场两岸的观众也为他的胜利而欢呼雀跃。伊万诺夫一次次向空中抛出金牌，又一次次把它接住。每向上抛出一次金牌，观众席上就响起一阵欢呼。后来观众越喊越起劲，伊万诺夫也越抛越有劲。谁知乐极生悲，当他又一次将金牌抛向空中时，用力过猛，角度偏斜，导致金牌掉进了旁边波光粼粼的湖水之中，现场观众一片愕然，伊万诺夫也惊呆了。

尽管当时苏联队全体队员纷纷跳入湖中，潜入水底摸捞金牌，但终究未能替伊万诺夫找回那枚珍贵的金牌。金牌瞬间消失了，刚刚还激情高昂的伊万诺夫，片刻之间情绪就一落千丈。接下来的几天他都愁眉苦脸，不说一句话，痛苦万分。

当时，国际奥委会领导人不忍心看到这位优秀的青年选手郁郁寡欢地返回祖国，于是找人仿制了一枚“金牌”颁发给他，这也是奥运历史上第一枚仿制的“金牌”。

数年之后，伊万诺夫卷土重来，参加了1960年第十七届罗马奥运会和1964年第十八届东京奥运会，并蝉联了男子赛艇单人双桨无舵艇的冠军。在1964年日本东京夏季奥运会上，他在比赛中过于投入，在离终点还有50米的时候，短时失去知觉。等他恢复意识的时候，发现自己还处在领先位置。他最终以超越对手3.73秒的优势在东京完成了自己的奥运单人双桨无舵艇金牌三连冠，成为赛艇正式列入奥运项目以来第一位获得单人双桨无舵艇“三连冠”荣誉的运动员。不过对于后来的两枚奥运金牌，伊万诺夫吸取了第一次的教训，再也没有为逗引观众们的欢呼而把它们抛向空中了。

知识链接

传统的赛艇比赛有两种，一种是耐力的比拼，规则是最后一支停止划桨的队伍取胜；另一种是速度的较量，也就是以最快的速度到达终点的队伍是最终的胜利者。现代奥运会赛艇比赛男子、女子同时设立了轻量级赛艇项目，比赛仍分14项。其中男子8项，包括4项双桨比赛和4项单桨比赛：单人双桨、双人双桨、轻量级双人双桨、四人双桨，双人单桨、四人单桨、轻量级四人单桨、八人单桨有舵手（唯一有舵手的项目）；女子6项，包括4项双桨比赛和2项单桨比赛：单人双桨、双人双桨、轻量级双人双桨、四人双桨、双人单桨、八人单桨有舵手（唯一有舵手的项目）。

做一做 在体育课上，你发生过什么粗心大意的事吗？

战胜病魔得冠军

知识点

雷·尤里，美国田径运动员，曾在1900年至1908年夏季奥林匹克运动会夺得八枚金牌，并在1906年的届间运动会再次夺得两枚金牌，被誉为奥林匹克运动会历史上最成功的运动员之一。

雷·尤里自幼身体虚弱，曾患有小儿麻痹症，留下了局部肌肉萎缩的后遗症，差点在轮椅上度过下半生。当时医生们认为，通过人为的加强锻炼和加负矫正等措施，小儿麻痹症是可以治愈的。于是，坚强的雷·尤里遵照医生的嘱咐，花大量时间练习立定跳远，增强腿部力量。

仅仅在一两年以后，雷·尤里的锻炼就获得了明显的效果，他的腿恢复正常了，可以和其他孩子一样跳跃和奔跑。不仅如此，他的身体经过大量锻炼，运动机能远远胜于普通儿童。据说，在立定跳远这个项目上，他从未输给过同龄人。此时，跳远不仅成为雷·尤里锻炼身体的方式，而且成为他的一项乐趣。进入大学后，热爱体育活动的

雷·尤里加入了著名的纽约体育会，并成为当地田径俱乐部的名人。

1900 年在巴黎举办了第二届奥运会，增加了大量新的比赛项目，其中就有立定跳高、立定跳远和立定三级跳远。雷·尤里得知后欣然参赛，并获得立定跳跃的三项冠军。雷·尤里亦成为奥运会历史上第一位夺得三枚金牌的田径运动员，并且这三枚金牌是在一日之内获得的。

在创造这个纪录的时候，雷已经 27 岁了。在此后的三届奥运会上，雷继续他的“冠军”征程。在 1904 年的奥运会上，雷再次包揽了立定跳跃的三项冠军；在 1906 年为纪念现代奥运会 10 周年而举办的雅典“届间奥运会”上，他又获得立定跳高和立定跳远的两项冠军；在 1908 年的伦敦奥运会，取消了立定三级跳远，雷获得了剩下的两项冠军，这时候，他已经 35 岁了。

纵观雷·尤里的奥运成绩，他所创造的立定跳跃纪录包括：立定跳高 1.655 米（1900 年），立定跳远 3.476 米（1904 年）。此外，他还创造过许多特殊的世界纪录，比如倒跳 2.8 米。1912 年以后立定跳跃项目被取消，因此，他成了这两项运动永远的纪录保持者。

与今天的专业运动员不同，100 年前的奥运会冠军们，除了以运动为乐趣，别无其他荣耀和名利。这位传奇运动员在运动场外，以他的水利工程师的身份谋生。对于雷·尤里来说，练习跳跃让他战胜了病魔，让他拥有超乎常人的健壮体魄，让他在一次又一次的比赛中超越别人，难道还有比这更好的奖励吗?

知识链接

立定跳高、立定跳远和立定三级跳远，曾经是1900年至1912年夏季奥林匹克运动会的正式比赛项目。但在现在的奥运会比赛中已经取消了。

小儿麻痹症又称脊髓灰质炎，是由脊髓灰质炎病毒引起的急性传染病，传染源是患者及病毒携带者，其中隐性感染者及无症状的患者由于不易被发现且数量较多，所以成为主要传染源。临床表现为不对称性弛缓性瘫痪，以单侧下肢瘫最为常见。

做一做

在空闲的时候多去操场练习立定跳远，增强腿部肌肉力量。

第6章

乐此不疲——古人爱运动

狂热蹴鞠

知识点

蹴鞠又称为“踏鞠”“蹴球”等，“蹴”就是“踢”，“鞠”是“球”，蹴鞠就是用脚踢球，蹴鞠是当今世界第一运动——足球的前身。

蹴鞠是中国古代的足球运动，也见于朝鲜、日本和越南等东亚国家。国际足球协会在2004年初公开确认足球最早的形式出现于中国。蹴鞠在我国起源的准确时间，现在尚不明确，有待进一步考证。

关于蹴鞠的起源有一些传说。一种说法是，蹴鞠最早是中国的黄帝为了训练士兵而发明的；一种说法是蹴鞠起源于战国时期的齐国，今为山东临淄地区，本为军训之用，进而演变为游戏。关于蹴鞠最早的文字记载来源于殷商时代的卜辞，证明在那个时代已经有蹴鞠这项活动了，而这也可能是中国乃至世界上关于足球运动的最早记载。

追溯历史，你会发现古人对这项运动的热爱远超出了现代人的想象。《史记》和《战国策》明确记载，在当时的齐国国都临淄，蹴鞠已发展成了一种成熟的娱乐方式，而且在民间广为流行。

秦统一六国后，中央集权不断加强，蹴鞠运动曾一度沉寂。西汉建立后，随着经

济文化发展，人们娱乐需求增强，蹴鞠运动又复兴起来。汉朝人把蹴鞠视为“治国习武”之道，蹴鞠不仅在军队中广泛开展，而且在宫廷贵族中普遍流行。《西京杂记》上记载：刘邦当了皇帝之后，把父亲刘太公接到长安城的未央宫养老，吃穿用度极尽奢华，终日看歌舞伎乐。但刘太公却并不满意，终日闷闷不乐。原来他自幼生活在城市下层，接近贩夫走卒、屠狗杀牛之辈，工作之余的娱乐活动离不开斗鸡、蹴鞠。据历史记载，刘太公大部分时间生活在战国时期的楚国，由此也可表明，在战国时期，蹴鞠是城市下层人民喜爱的娱乐活动。

到了西汉初年，蹴鞠运动也得到了贵族的喜爱。桓宽的《盐铁论》中说，西汉社会承平日久，“贵人之家，蹴鞠斗鸡”为乐，普通家庭也是在“康庄驰逐，穷巷蹴鞠”。汉代名将卫青、霍去病率军驻守边疆时，曾在闲时蹴鞠。可见，在西汉时期，蹴鞠运动的社会面更为扩大了。

魏晋时期，蹴鞠运动的开展不及汉代，但还是有不少人以此为乐。到了唐代，随着社会生产力的发展，鞠的材质也有所变化。唐代在制球工艺上有两大改进：一是把用两片皮合成的球壳改为用八片尖皮缝成的圆形的球壳，球的形状更圆了；二是把球壳内塞毛发改为放一个动物尿泡，“嘘气闭而吹之”，成为充气的球，这在世界上也是最早的发明。据世界体育史记载，英国发明吹气的球是在十一世纪，比我国唐代晚了三四百年时间。

蹴鞠运动在宋代得到了极大的发展。施耐庵写的《水浒全传》中由蹴鞠发迹当了太尉的高俅虽然是个反面人物，但也算是古代的著名"球星"之一。高俅球技高超，因陪侍宋徽宗踢球，被提拔当了殿前都指挥使，可见宋代的皇帝和贵族官僚对蹴鞠运动的喜爱。

知识链接

汉代的《蹴鞠二十五篇》是我国最早的一部体育专业书籍，也是世界上的第一部体育专业书籍。班固在写《汉书·艺文志》时，把《蹴鞠二十五篇》列为兵书，属于军事训练的方法，后来失传。

做一做 你如果喜爱足球，那么就到操场上过把足球瘾吧。

马背上练就技艺

知识点

打马球就是骑在马上用长柄球槌拍击木球入门的一种运动，在我国古代叫“击鞠”。

对于马球的起源，研究者尚没有确切的说法。但他们普遍认为其历史可追溯到与唐代同时期的波斯，当时的马球被称为“波罗球”，随后传入吐蕃、蒙古、中原等地，相沿至今。马球是蒙古族人民深深喜爱的运动之一。

马球运动除了马以外，所用的主要器械为球和杖。其中球仅如拳头大小，是用质量轻而有韧性的木料制成的，中间挖空，外边涂上颜色。与现代马球的白色不同，古代马球一般呈红色或为彩绘。而打马球的棍子叫“球杖”或“鞠杖”。由于球棍顶端的弯曲部分形如阴历月初的“半弦月”，所以古代诗人又常用“月杖”或“初月”来形容它。如蔡孚《打球篇》中有“初月飞来画杖头”。球杖的质地有用木制的，也有用藤制的，外边裹以牛皮。

在中国古代，马球盛行于唐宋元三代，主要流行于军队和宫廷贵族之中。当然，打马球的盛行是与当时统治者的提倡，尤其是皇帝的爱好分不开的。在整个唐王朝近三百年间的二十二个皇帝中，居然有十八个是马球运动的爱好者。

据史书记载，唐中

宗景龙三年，吐蕃派遣使者来长安迎接金城公主，唐中宗邀请吐蕃使者观看汉人比赛马球。使者见汉人打球技术一般，便上前禀奏唐中宗，要与唐朝马球队比赛。中宗答应了吐蕃与汉人交锋的要求。结果，经过几局的较量，“吐蕃皆胜”。唐中宗见吐蕃人球技高超，又派皇室中的马球高手临淄王李隆基（也就是后来的唐玄宗）、驸马杨慎交、武延秀等人迎战吐蕃。开赛之后，李隆基往来奔驰如“风回电激”，挥动球杖，所向无敌，连连洞穿对手大门，大获全胜。唐中宗大喜，赏赐了优胜者。七年后，唐玄宗登基，其马球瘾不减当年，曾数次登楼观看打球。《题明皇打球图诗》中说：“宫殿千门白昼开，三郎沉醉打球回。九龄已老韩休死，明日应无谏疏来。”玄宗登基35年后，也就是天宝六年，颁诏规定军队须练马球，由此马球与军事体育结缘。

由于统治者的大力提倡和带头参与，马球运动也在民间普及，甚至妇女也成为马球运动的参与者。可谓巾帼不让须眉，赛场上常见英姿飒爽的女性以高超的技术博得阵阵掌声。历史记载武则天就是打马球的高手。前蜀皇帝王建的“新调白马怕鞭声……隔门催进打球名”指的就是皇宫内宫女们击球的情景。而后蜀花蕊夫人的诗句“自教宫娥学打球，玉鞍初跨柳腰柔”，同是形容女子打球优美、灵活的姿态。

中国古代的马球运动从唐朝开始，一直到明朝，前后延续了1000多年。遗憾的是，随着西方文化的东渐和西方现代体育的冲击，盛唐时的马球热到了清代后期，逐渐销声匿迹。中国现代开展的马球运动还是从西方引进的。

知识链接

现藏于故宫博物院的出土文物打马球铜镜是唐代作品，直径19.3厘米，外形为八瓣菱花，镜子背面饰有做着四个连续动作的马球手。此镜工艺精湛，是研究古代马球运动的可贵资料。

做一做 查一查，现代马球运动在中国的发展状况。

“丫”字冷兵器

知识点

弹弓一般用树木的枝丫制作，呈“丫”字形，上两头系皮筋，皮筋中段系上一包裹弹丸的皮块。其威力视皮筋的拉力而定，皮筋拉力越大，弹弓的威力也越大。

在我国古代，弹弓可不像今天是一种简单的玩具，而是具有更大的作用，当时的弹弓是用来射击的，多用于狩猎。据《吴越春秋》卷九所载《弹歌》：“断竹，续竹，飞土，逐宍（古‘肉’字）。”诗歌以二字短句和简单的节奏，描绘出古人砍伐竹子，制造弹弓，射出弹丸，射中鸟兽的狩猎过程，呈现出古人原始狩猎生活的场景。据悉，《弹歌》可能是原始人类从蒙昧时代过渡到野蛮时代的创作，可见，我国在很早的时候就已出现了弹弓。

在古代传说中，泰山诸神爱好狩猎，其猎必用弹弓。《西游记》《封神演义》中的二郎神即是泰山诸神之一，二郎神打猎的时候必备的两样工具就是哮天犬和弹弓。

中国古代弹弓的原理和弓一样，都是利用弹射力来进行发射。不同的是弹弓用弹丸，弓用箭罢了。

弹弓的形状也与弓的形状大致相同，只不过弹弓在弓弦的正中间有个能装弹丸的兜，兜一般是硬质的、能盛下一个弹丸的半球形。弹弓的弹丸是土质或者铁质的，也有用石块的，但是石块的形状不规则，发射后的轨迹不好掌握。

弹弓的威力相对于弓箭来说要差很多，即使用于打猎，也只能是猎取飞禽或兔子之类的小型动物，要参与大规模的军事作战，估计不太可能。但由于弹弓比弓箭轻便易携带，使用起来也比较方便，且近距离的杀伤力也不弱，所以在民间流传较广。古代的弹弓属于暗器，因为弹弓的弹丸射出时的声音远远小于箭矢，一般用于偷袭。在很多武侠小说中，一些武功高强的侠客们常把弹弓作为贴身武器使用。

弹弓虽小，但也非雕虫小技，练得射术一流并不容易。历史上有的弹弓爱好者射术很精。《齐书》称桓荣祖善弹弓，其登西楼见一种被称为鹄的鸟在飞翔，对左右说："我当生取之！"意思是"我要活捉这些鸟"。他于是拿弹弓弹射鹄的两翅，鹄羽毛脱尽堕地，可见其弹弓技术的高明。随后，桓荣祖将这些鸟养起来，待羽毛长全后放飞，时人

纷纷称善。除此之外，《隋书》提到的将军长孙晟也善于弹射。一日，看到天上有鸢鸟群飞，隋文帝对长孙晟说：“你善于弹射，帮我把这些鸟打下来。”结果长孙晟十发全中，鸢鸟纷纷应声而落。

弹弓由于自身功能有限，所以在中国体育史上的影响很小，始终未能登大雅之堂，更多的只能是作为娱乐工具而被人们喜爱。

知识链接

木质弹弓架一般用柳树上的树杈制作，需要选择叉正的，把手拦在叉上能看出是一个等腰三角形的树杈。砍的时候注意多留出点量，免得被砍废。把砍来的树杈剥了皮，自然晾干，不能暴晒，否则会晒裂。弓形塑好后，再上螺丝钉，这样一个木头弹弓架就弄好了。

做一做 玩弹弓的时候有哪些注意事项？把你想到的告诉爸爸妈妈吧。

众人拾柴火焰高

知识点

拔河是一种对抗性体育娱乐活动，表现为人数相等的双方对拉一根粗绳进行力量性的比拼。拔河起源于中国春秋战国时期，唐宋以后，渐渐在民间盛行。

拔河在古代被称为“牵钩”，最初是一种用于水军作战的军事技能。春秋战国时期的楚国有一支强大的水军。为便于水上舟战，楚国聘请名匠鲁班改良舟舰的设计。鲁班设计出一种称为“钩拒”的兵器，专门用于水上作战。当敌人败退时，军士以钩拒将敌船钩住，使劲往后拉，使之逃脱不了。后来，“钩拒”从军中流传至民间，演变为拔河比赛，被水乡渔民仿效，成为一项民间体育娱乐活动。

早在唐代，拔河活动已广泛展开。“大麻全长四五十丈，两头分系小索数百条”，可见古代参加一次拔河比赛的人比现在多得多。拔河的大绳正中插一根大旗，旗的两边画两条竖线，称为河界线，是比赛胜负的标志。一声令下，河界两边选手紧挽绳索，“使相牵引”。

拔河活动不仅在民间流传，而且在皇宫中也有举行，成为统治者消遣娱乐的活动。唐中宗和唐玄宗都对拔河大力提倡，允许宫女侍臣参加。古代拔河时一般还要敲着大鼓，以壮士气，围观者“震鼓叫噪，为之鼓劲”。唐玄宗曾多次观看拔河比赛，拔河者多至千余人，呼声震天，观众无

不震骇，可见比赛时的场面之盛大。

我国少数民族也热爱拔河运动，其中藏族的拔河运动是最有趣的。据传在公元前2世纪西藏五赞王时，拔河运动随佛教从印度传入西藏。藏族拔河比赛形式多样，有单人拔河、双人拔河、男女混合拔河、夫妻拔河和三人拔河，等等。双人拔河时，双方把打结的绳套套在脖子上，背向对方，让绳子从裤裆下通过，双手和膝盖着地，模仿大象的动作，各自向前用力爬。因为藏族人对牛、马、大象十分崇敬，所以在力量对抗赛中多模仿它们。

早期的奥林匹克运动会中，比赛项目设置得比较随意，没有严格的标准，很多是与主办者的兴趣有关。有些中小项目或因为主办方的兴趣变化或因为分级标准和运动器材变化而被撤销或取代，拔河就是这样一个昙花一现的项目。

在早期奥运会中，拔河被归入田径范畴，虽然理由十分牵强，但许多奥运史家仍然把这一项目作为田径项目的附属。拔河这一项目在奥运史上自1900年起连续举行过五次，最后一次是在1920年的安特卫普奥运会。

知识链接

国际拔河联合会，简称TWIF，于1960年成立。它是在瑞典拔河协会的支持下，由英国拔河协会的休顿发起的组织，现有53个国家协会的正式会员。该组织总部设在荷兰。现代的世界级拔河比赛有公开对抗赛与世界锦标赛等方式，每年分室内和室外轮流举行。

做一做 组织一帮朋友们来一场拔河比赛，体验众人拾柴火焰高的乐趣。

水上赛跑

知识点

赛龙舟的起源可追溯至原始社会末期，最早是古越族人祭祀水神或龙神的一种祭祀活动，现已被列入国家级非物质文化遗产名录。

关于赛龙舟的起源，各地对此有不同说法。一种说法是为了纪念吴国大将伍子胥，一种说法是与越王勾践有关，不过最广为人知的说法是为了纪念楚国爱国诗人屈原。可见，赛龙舟不仅是一种体育娱乐活动，而且体现了人们心中的爱国主义和集体主义精神。

传说在战国时期，楚国爱国诗人屈原含恨投江，楚国人民因舍不得贤臣屈原死去，许多人划船追赶着去施救，但是追至岳阳洞庭湖时不见其踪迹。之后每年的阴历五月初五，楚国人民都会划龙舟，目的是借划龙舟来驱散江中之鱼，以免屈原的尸体被鱼吃掉，后来就演变成端午节举行赛龙舟活动的风俗。

古代赛龙舟以唐宋时最为流行，据《荆楚岁时记》所载："州将及士人悉临水欢之。"唐代张建封在《竞渡歌》中也生动地描写了当时龙舟竞渡的热烈场面："五月五日天晴明，杨花绕江啼晓莺。使君未出郡斋外，江上早闻齐和声。……鼓声三下红旗开，两龙跃出浮水来。棹影斡波飞万剑，鼓声劈浪鸣千雷。鼓声渐急标将近，两龙望标目如瞬。"

明代，北京民间在端午也有过赛龙舟的活动。《帝京岁时纪胜·里二泗》记载："里二泗近张湾，有佑

民观，中建玉皇阁醮坛，塑河神像……前临运河，五月朔至端阳日，于河内斗龙舟，夺锦标，香会纷纭，游人络绎。”皇帝亦去西苑斗龙舟、划船，与诸大臣宴乐。

清代顺治、乾隆年间，乃至道光初年，在端午节期间，皇上均有龙舟竞渡之举。此外，划龙舟也先后传入日本、越南及英国。

1980年，人们将赛龙舟列入中国国家体育比赛项目，并每年举行“屈原杯”龙舟赛。1991年6月16日（农历五月初五），在屈原的第二故乡中国湖南省岳阳市，举办了首届国际龙舟节。在竞渡前，举行了既保存传统仪式又注入新的现代因素的“龙头祭”。“龙头”被抬入屈子祠内，由运动员给龙头“上红”，就是披红带，然后主祭人宣读祭文，并为龙头“开光”，即点睛。然后，参加祭龙的全体人员三鞠躬，龙头即被抬去汨罗江，奔向龙舟赛场。此次活动参加者多达60余万人，可谓盛况空前，之后湖南便定期举办国际龙舟节。

如今，赛龙舟成为中国许多地方过端午节时的一项最热烈的庆祝活动，它富有激情，充分体现了中华民族努力奋争、拼搏向上的精神。

知识链接

中国各族的龙舟赛略有不同。苗族龙舟赛在每年5月24日至5月27日的“龙船节”举行。船长约20米，宽1米，由三根直而粗的杉树挖成槽形，捆绑而成，中间是母船，两边为子船。每艘船上有38名水手，由一长者任鼓头，一名男扮女装的小孩任鼓手。比赛时，炮声响处，各水手即按锣鼓节拍划桨前进；傣族龙舟赛每年傣历6、7月，即清明节后十日左右的“泼水节”举行龙舟赛。每船有600名水手，4名舵手和4名引道手，比赛时，由一人敲锣指挥，水手按锣声节奏划桨前进，也有女子参与此项活动。

做一做 想要体验赛龙舟时的热闹场面吗？你可以在端午节的时候去四川参加嘉陵江龙舟旅游文化节。

小虫也勇猛

知识点

斗蟋蟀也叫"秋兴""斗促织""斗蛐蛐"，是中国一项古老的娱乐活动。斗蟋多为雄性，它们为保卫自己的领地或争夺配偶而相互撕咬。这种休闲方式实际上很残酷。

蟋蟀虽然体积不大，但斗性很强，争斗起来或者肢残羽飞，或者横尸疆场，其勇敢拼搏的精神着实让人感动和怜惜，但凡看过斗蟋蟀的人就会知道，蟋蟀的勇猛程度绝对不会亚于任何凶禽猛兽。

古时斗蟋蟀通常是在陶制或瓷制的蛐蛐罐中进行的，两只雄蟋蟀相遇，一场激战就开始了。

蟋蟀们首先是猛烈地振翅鸣叫，一是给自己加油鼓劲，二是要挫挫对手的威风，然后才龇牙咧嘴地开始决斗。头顶，脚踢，卷动着长长的触须，不停地旋转身体，寻找有利位置，勇敢扑杀。

几个回合之后，弱者垂头丧气，败下阵去，胜者仰头挺胸，趾高气昂，向主人邀功请赏。

最善斗的当算蟋蟀科的墨蛉，民间百姓称为"黑头将军"。一只既能鸣又善斗的好蟋蟀，不但会成为斗蛐蛐者的荣耀，而且会成为蟋蟀王国中的王者。

早在两千五百年前经孔子删定的《诗经》中，就有《蟋蟀》一文了。古人观察到秋季转凉，蟋蟀入堂的规律，于是留下了"蟋蟀在堂""十月

蟋蟀入我床下”的句子。魏晋时期蟋蟀被习惯性地称为“促织”，亦称“趋织”，音与今俗名“蛐蛐”略同。

南宋是斗蟋蟀史上著名的时代，此时斗蟋蟀已不限于京师，也不限于贵族，普通百姓甚至僧尼也喜欢此项活动。也正因为如此，南宋将亡之际出现了一位赫赫有名的“蟋蟀宰相”，即贾似道。虽然历史上对贾似道的评价有褒有贬，但他编写了世界上第一部研究蟋蟀的专著——《促织经》，堪称中国昆虫学研究的开创者之一。全书对蟋蟀进行了详尽的论述，介绍了蟋蟀的捕捉、收买、喂养、斗胜等。

到了清代，当时的王公贵族是在入关后才开始嗜斗蟋蟀的。每年秋季，京师就架设起宽大的棚场，开局赌博。民国时期，北平庙会上都有出售蟋蟀的市场，摊贩少则几十，多则数百，人来人往，熙熙攘攘。

斗蟋蟀活动自兴起之后，经历了宋、元、明、清四个朝代，又从民国发展至今，前后八九百年的漫长岁月，始终受到人们的广泛喜爱，长盛不衰，呈现出年甚一年的趋势，甚至现代的人们对这项活动的兴致依然很高。

知识链接

贾似道（1213—1275），字师宪，号悦生、秋壑，浙江天台藤桥松溪人。南宋端平元年（1234）以父荫为嘉兴司仓、籍田令。嘉熙二年登进士，为理宗所看重，一步步成为宋理宗时期的权臣。贾似道不顾国家安危，穷奢极欲，于西湖边葛岭起楼台亭榭，作半闲堂，建多宝阁，淫乐其中。德祐元年遭罢官、贬逐，为监送官郑虎臣擅杀于漳州。

做一做 查一查，蟋蟀的生活习性有哪些？

平民的乐趣

知识点 击壤是一项古老的投掷活动。壤用木制成，前宽后窄，其形如鞋子，长一尺余，宽约三寸。玩法是放一壤于地上，后退三四十步，以手中之壤击地上之壤，击中为胜。

击壤至今已有四千多年的历史了，相传在帝尧时期就十分流行。但是击壤是怎样产生的呢？至今说法不一。

有人认为击壤起源于原始社会的生活实践。在没有发明弓箭以前，远古人民主要靠投击石块来捕猎飞奔的禽兽。为了提高投掷的命中率，自然需要经常进行动作训练。古老的击壤游戏，很可能是由这项远古的谋生手段演变而来。还有人认为，击壤最初是从事农业的远古的人们酬谢土地神的习俗，包含了人们对土地神的膜拜。击壤是人们用娱乐的方式祭祀土地，是一种动态的乐神行为。另外，也有人推测击壤

游戏的源头可能是一种生产巫术，或一种预测秋收的占卜形式，但证据都不足。总之，有关击壤之戏的起源众说纷纭，学者还在进一步研究当中。

击壤活动具有娱乐性，在娱神的同时也娱人。随着时间的推移，娱人的成分越来越多，最终成为一种纯粹的游戏。曾在南京流行的游戏“打梭”就是击壤的演变。游戏者以“斗一”“斗二”“斗三”的计数判定胜负，这种斗量计数方式表达着收获之后对土地神的感谢和对来年获得庇佑的期望。

击壤活动历史悠久，到了三国时期大为盛行。吴国盛彦《击壤赋》中有记载:“论众戏之为乐，独击壤之可娱，因风托势，罪一杀两。”可见当时人们把击壤放在娱乐方式首位，“罪一杀两”可能是游戏规则。

两晋南北朝时，击壤在民间继续流行。南朝诗人谢灵运在《初去郡》中写下了“即是羲唐化，获我击壤声”的诗句。张协的《七命八首》中也有“玄龆巷歌，黄发击壤”之句，意思是黑发的童子歌唱，黄发的老翁在玩击壤游戏。

到了唐宋明清时代，击壤活动不但没有被抛弃，反而得到了进一步发展，“打板”“打瓦”都是从击壤活动演变来的。《顺天府志》记载：“小儿以木二寸，制如枣核，置地棒之。一击令起，随一击令远，以近为负，曰打板。”近代，类似击壤的儿童投掷游戏仍然存在，如投壶、套圈等。这项活动由于简单有趣，老少皆宜，所以在古代民间广为流行。

知识链接

“击壤而歌”，本意是指打击土堆而唱歌。相传在上古时期，帝尧治国50年，十分虚心，不敢自信自满，经常穿上平民的服装，亲自到民间察访，了解自己政绩的好坏。有次帝尧在康衢见到一个老人吃饱饭在玩抛石子游戏，唱道：“日出而作，日入而息；凿井而饮，耕田而食。”所以这个成语又用来比喻太平盛世，人人丰衣足食。

做一做 击壤不仅考验眼力，而且很考验技术。赶快去尝试一下吧。

中国古代“高尔夫”

知识点

捶丸，“捶”是“打”的意思，“丸”指球。捶丸是我国古代球类运动项目之一，类似于现代的高尔夫球。

捶丸时人拿棍击打一枚小球，小球旁边有一个黑黑的洞，把球打到洞里就得分，击球入洞多者为胜，与近代的高尔夫球规则十分相似。捶丸最早的文字记载是在元世祖至元十九年（1282年）宁志斋编著的《丸经》中，这是一本关于捶丸的专门著作。书中记载了“宋徽宗、金章宗皆爱捶丸”，说明在北宋徽宗时，捶丸这项球类运动已经很成熟了，而且深受统治者的喜爱，可见其受欢迎程度。

据《丸经》记载，宋徽宗与金章宗都非常喜爱捶丸运动，平日“深求古人之遗制，而益致其精也”。就像现代人借助教练与教学视频来改善球技一样，两位帝王常常以古为师，让球技精益求精。而两位帝王的球杆则以纯金打造缘边，顶上缀饰玉器，结束球戏后，两人的

球具不装在球袋里，而是收藏在锦盒中。所谓“盛以锦囊，击以彩棒，碾玉缀顶，饰金缘边”，今天八九十万一套的名贵球具与之相比或许都相形见绌。

当时的儿童也是非常喜爱捶丸的。如北宋官吏滕甫，幼时“爱击角球”，他的舅父是当时有名的文人范仲淹，“每戒之不听”，可见捶丸的魅力了。另外，陈万里在《陶枕》中著录一“儿童捶丸图”陶枕，图中小孩持一小杖击丸，形象生动，是当时捶丸活动盛行的有力佐证。

捶丸发展到元代，更加兴盛，上至皇帝大臣，下至三教九流，都对这项活动相当喜爱。这在元人散曲、杂剧中多有提及。在《庆赏端阳》剧中的道白亦云：“你敢和我捶丸射柳、比试武艺么？”此外，山西省洪洞县广胜寺水神庙壁画中，还有一幅保存完整的元代捶丸图，它呈现了元代民间捶丸活动的真实场景。

明代后，捶丸有衰落的趋势，当时仅在北方比较流行，但普及程度已大不如前。尽管如此，但依然有个别皇帝喜爱这种活动。保存在故宫博物院的《明宣宗行乐图》所绘明宣宗亲自持棒游戏的场景，可见捶丸运动在当时仍是一项高雅的娱乐活动。

捶丸经过了宋、辽、金、元、明的发展繁荣后，于清代趋于衰落，仅盛行于妇女、儿童之间。

同中国古代的其他体育活动一样，捶丸在历史发展过程中，也曾随着文化的交流传至朝鲜半岛和日本，并对现代高尔夫的出现和演变产生了重要影响。

知识链接

高尔夫，俗称小白球，是一种室外体育运动。基本规则是由个人或团体球员用不同的高尔夫球杆将一颗小球打进果岭的洞内。大部分的比赛有18洞，杆数最少的为优胜者。

做一做 观看一场高尔夫比赛，想一想它与古代捶丸活动有哪些区别。

斗草欢乐多

知识点

斗草又称“斗百草”，是古代一种民间游戏，流行于中原和江南地区，其起源已无从考证，但最早见于文献是在魏晋南北朝时期。

斗草虽不如斗鸡、斗牛刺激，但依然很有趣。早在唐代，其玩法就有武斗和文斗之别。武斗就是要动手，比赛双方先各自采摘具有一定韧性的草，然后相互交叉成“十”字，各自用劲拉扯，草先断的一方为输。如果遇上草茎和叶柄的韧性很强的情况，就要费一些力气了，所以人们通常使用一些韧性较强的草，如车前草。

“文斗”就相对轻松些。有一种文斗是参加者采摘各种花草，以对仗的形式互报草名，谁采的花草种类多，对仗的水平高，并坚持到最后，谁就赢。因此玩这种游戏需要具备一定的植物知识和文学修养。

在唐代非常流行斗草活动，不仅仅是妇女儿童，连成年男子也对此颇为喜爱。李商隐《代应二首》中写道：“昨夜双沟败，今朝百草

输。关西狂小吏，唯喝绕床声。”郑谷《采桑》中写道：“晓陌携笼去，桑林路隔淮。何如斗百草，赌取凤凰钗。”更有李白在词《清平乐》中道：“禁庭春昼，莺羽披新绣。百草巧求花下斗，只赌珠玑满斗。”可见这斗草给成年人一玩儿，便要成赌，以物品或金钱做赌注，否则怎能“珠玑满斗”？

据说五代时，南汉主刘鋹在皇宫后苑遍植奇花异草，每值春深花繁时节，他就会组织一班宫女斗花取乐。早晨打开后苑大门，他一声令下，宫女们蜂拥而入，随意采摘，到规定的时间锁上门，宫女们被集中起来，在大殿中比胜负，有专门的人对这些花草进行鉴别，谁采的种类多为胜，输了的人就要出银子，作为宴会的费用。

斗草在宋代比唐代更加流行。在时间上，宋代人斗草除了在端午节外，在春社及清明也有此类活动。北宋词人晏殊《破阵子》就为我们展示了一幅春日美景图：“燕子来时新社，梨花落后清明。池上碧苔三四点，叶底黄鹂一两声，日长飞絮轻。巧笑东邻女伴，采桑径里相逢。疑怪昨宵春梦好，元是今朝斗草赢，笑从双脸生。”

元明清时代都沿袭了斗草活动，并在民间广为开展，在一些文学作品中常常看见斗草的身影。元代谢宗可《风筝》中“蹴罢秋千斗草慵”的诗句，写的就是侍女们荡秋千斗百草的活动。文学名著《红楼梦》第六十二回中也有对斗草活动的详细描述。

到了现代，一方面由于社会的发展，另一方面因为人与自然之间关系的疏远，成年人对这些游戏失去了兴趣，于是斗草就成了儿童游戏，每值百草丰茂的时节，杂花遍地的田野就成了孩子们的乐园。

知识链接

《红楼梦》，原名《石头记》，曹雪芹著，中国古代四大名著之一。此书是一部具有高度思想性和艺术性的伟大作品，作者根据家族的兴衰的艺术升华，对封建科举制度、包办婚姻、等级制度及社会统治思想等都进行了深刻的批判。

做一做 你玩过斗草游戏吗？你如果对斗草游戏感兴趣，就和好朋友比一比。

传统文化的结晶

知识点

象棋，又称中国象棋，属于二人对抗性游戏的一种，在中国有着悠久的历史。象棋由于用具简单，趣味性强，所以成为流行极为广泛的棋艺活动。

中国象棋来源有两种说法，一种说法是伏羲利用八卦推算而出的，另一种说法是由韩信推算而出。无论来源如何，中国象棋的思想来源于《易经》，与《易经》中的太极八卦图有很大的联系。

许多学者认为，据可靠记载，象棋在战国时期已经流行开来了。西汉刘向的《说苑·善说》记载了战国孟尝君下象棋的事："雍门周谓孟尝君：'足下燕则斗象棋，亦战斗之事乎？'"战国时的作品《楚辞·招魂》中也有"菎蔽象棋，有六簙些"的句子。可见早在战国时

代“象棋”已经成为一项常见的活动了。

隋唐时期，象棋不断发展。当时象棋的流行情况，于诸多诗文传奇中都有记载，其中最重要的是牛僧孺的《玄怪录》中关于宝应元年

（公元 762 年）岑顺梦见象棋的一段故事。

在唐代的宫廷中，象棋也很流行，唐高宗李治和武则天、唐玄宗李隆基和杨玉环、唐肃宗李亨和张良娣都是出名的象棋迷。

宋代是象棋广泛流行，形制大变革的时代。北宋时期，先后有司马光的《七国象戏》，尹洙的《象戏格》《棋势》，晁补之的《广象戏图》等著作问世，民间还流行“大象戏”。宋代的理学家程颢有一首咏象棋的诗写道：“大都博弈皆戏剧，象戏翻能学用兵。车马尚存周战法，偏裨兼备汉宫名。中军八面将军重，河外尖斜步卒轻。却凭纹楸聊自笑，雄如刘项亦闲争。”他的诗中没有提到“炮”，“炮”是最后加入的。

元明清时期，象棋继续在民间流行，出现了多部总结性的理论专著，其中最为重要的有《梦入神机》《金鹏十八变》《橘中秘》《适情雅趣》《梅花谱》《竹香斋象棋谱》等。杨慎、唐寅、郎瑛、罗颀、袁枚等文人学者都爱好下象棋，大批著名棋手的涌现，显示了象棋受到民

众喜爱的盛况。

下象棋有时会遇到和棋的情况，分不出胜负，难道古人发明象棋时没有想到吗？其实，下象棋的目的不在于赢棋，而在于体会下棋中的乐趣。哪一步可以力挽狂澜，哪一步可以妙手回春，都需要周密的考虑和部署。出现和棋，点到为止，是一种下棋的境界。象棋就是要体现一个“和”字，因为战争的最高境界就是“和平”，而中国象棋最能体现传统文化中的仁、义、智、礼、信、忠。

知识链接

象棋是非常具有收藏价值的。收藏者在购买古董象棋时要注意“三看”，一看质地，二看年代，三看工艺。同样是木质象棋，以木质细密的绿檀木、金丝楠木象棋最为贵重，市场价格多在8万元以上；紫檀木象棋次之；其他木质的象棋，如红檀木、红木等，市场价格多在5000元和60000元之间。

做一做 你会下象棋吗？如果不会就赶快学习吧。